初心者でも

基本から理解できる

一年中楽しめる
かぎ針編みのバッグと小物

ミミアム 高橋春香 著

マイナビ

もくじ

知っておきたい基本のこと

Chapter 1　基本の編み方

ふわふわのシュシュ
→p.54

四角形＆円形のコースター
→p.56・60
毛糸ピエロ　コットン・ニィート(S)
ホワイト(01)　パウダーブルー(10)
ライムライト(20)　ローズピンク(29)

ミルク瓶の印かん置き
→p.64
毛糸ピエロ　ベーシックコットン
カフェオレ（7）　ココア（8）

シンプル巾着
→p.68
毛糸ピエロ　ソルベ
キャンディ（04）　ショコラ（05）

細編みだけのシンプルバッグ
→p.70

毛糸ピエロ　コットン・ニィート
ライトブラウン（617）　サンドベージュ（702）

キャラメルポーチ
→p.74
毛糸ピエロ　ウタタネコットン
さんご(02)　いちごみるく(04)

お花のモチーフバッグ
→p.76
毛糸ピエロ　コットン・ニィート(S)
ホワイト(01)　ライムライト(20)
ローズピンク(29)

9

かごバスケット
→p.84
毛糸ピエロ　コットン・ニィート
ライトブラウン（617）
サンドベージュ（702）

サマーハット
→p.98
毛糸ピエロ ラフィア
ココナッツ（72）

サマーバッグ
→p.101
毛糸ピエロ ラフィア
ココナッツ（72）

ペットボトルカバー
→p.105
毛糸ピエロ　コットン・ニィート(S)
アイボリー(02)　パウダーブルー(10)
ライムライト(20)

タオル
→p.109
毛糸ピエロ　プレリ-オーガニックコットン-
パールホワイト(01)　アイボリー(03)

ポンチョ
→p.116
毛糸ピエロ　ニーム（M）
ソフトベージュ（16）

貝殻模様のブランケット
→p.114

毛糸ピエロ　フランボワーズ-W-
ピンクレッド(104)

アラン模様の冬バッグ
→p.120

毛糸ピエロ　ブリュム
シトラスクリーム(01)　ヘザーグレー(08)

羊の編みぐるみ
→p.124
毛糸ピエロ　ホイップスNEW
ベールグレー（45）　アイボリー（31）　スイートピンク（32）
毛糸ピエロ　プレリ-オーガニックコットン-
パールホワイト（01）　アイボリー（03）

バスケット編みのニット帽
→p.132
毛糸ピエロ　ソフトメリノ極太
アイボリー（1）　ライトグレー（15）

ユニセックススヌード
→p.144
毛糸ピエロ　ベーシック極太
ミストグレイ（34）　モノクロ（35）

ユニセックスネックウォーマー
→p.138
毛糸ピエロ　ソフトメリノ極太
ブラック（5）

バスケット編みのゆるニット帽
→p.139
毛糸ピエロ　ソフトメリノ極太
ライトベージュ（2）

ワッフルスヌード
→p.148
毛糸ピエロ　ブリュム
バニラベージュ（09）

バケットハット
→ p.130
毛糸ピエロ　ホイップスNEW
アイボリー（31）

ハンドウォーマー
→ p.151
毛糸ピエロ　リージィー
フロスティブルー（02）

リフ編みのルームシューズ
→p.155

毛糸ピエロ　ソフトメリノ極太
ウォーターグリーン（18）　ピーチパフ（13）

知っておきたい基本のこと

糸の選び方や針の合わせ方のほか、必要な道具をなどご紹介します。
作品をより美しく仕上げるために、ぜひ知っておきましょう。

糸の種類と選び方

糸にはさまざまな太さや素材があります。
作りたい作品に合った糸を上手に選べるようになりましょう。

[糸の種類]

・**ストレートヤーン**

糸の太さや撚りが真っ直ぐで一定。扱いやすく編み目も見やすいので、初心者にもおすすめです。編み上がりはシンプルな雰囲気に。

・**ファンシーヤーン（意匠糸）**

糸の太さや撚りが不規則だったり、変わった素材が使用されています。やや編みづらく難易度が高い糸もありますが、表情豊かでかわいい仕上がりに。ポイント使いにもおすすめです。（ツィード・ネップ・スラブ・ループ・ファー・モール・リボンなど）

[糸の素材]

・**天然繊維**

動物繊維…動物の毛を原料とする。ウール・アルパカ・カシミヤ・蚕から採れるシルクなど。

植物繊維…植物の茎や葉を原料とする。綿・麻など。

・**化学繊維**

合成繊維…石油や石炭を原料とする。アクリル・ポリエステル・ナイロンなど。

再生繊維…再利用された原料で加工された繊維。レーヨンなど。

[糸の太さ]

・極細　・合細　・中細　・合太　・並太　・極太　・超極太

［糸ラベルの読み方］

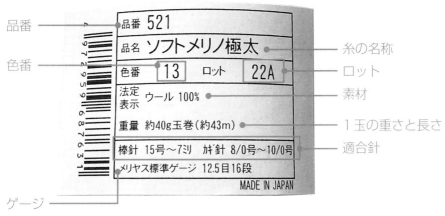

品番 → 品番 521

品名 ソフトメリノ極太 ← 糸の名称

色番 → 色番 13　ロット 22A ← ロット

法定表示 ウール 100% ← 素材

重量 約40g玉巻（約43m） ← 1玉の重さと長さ

棒針 15号〜7ミリ　かぎ針 8/0号〜10/0号 ← 適合針

メリヤス標準ゲージ 12.5目16段

MADE IN JAPAN

ゲージ

（10cm四方に入る目数と段数）

✾ 針の種類と選び方

かぎ針には、日本規格と国際標準規格があります。素材はプラスチックや軽金属、竹などさまざま。糸に合う針を選んでください。

軽金属かぎ針（国際標準規格）

No	2/0	3/0	4/0	5/0	6/0	7/0	8/0	10/0
太さ (mm)	2 mm	2.3 mm	2.5 mm	3.0 mm	3.5 mm	4.0 mm	5.0 mm	6.0 mm

竹かぎ針（日本規格）

No	2号	3号	4号	5号	6号	7号	8号	10号	7mm	8mm	10mm
太さ (mm)	2.7 mm	3.0 mm	3.3 mm	3.6 mm	3.9 mm	4.2 mm	4.5 mm	5.1 mm	7 mm	8 mm	10 mm

❋ お手入れの仕方

せっかく作った作品ですので、洗濯する際の注意点や、毛玉対策などを覚えておきましょう。末永く使用するためにも必要な知識です。

[洗濯の仕方]

- **毛素材**
  30℃以下の水で手洗い
- **綿・麻素材**
  30℃以下の水で手洗いまたは洗濯機弱
- **レーヨンなどの混紡糸**
  縮み率が大きいため洗濯不可

[毛玉対策]

- **摩擦を避けるため、着る間隔を1日以上空ける**
- **摩擦で絡まった繊維をほぐすため、ブラッシング**

[劣化した部分をもとに戻す]

- **ゴム編みなどが伸びた場合**
  40〜50℃のお湯に伸びた部分を浸け、タオルを押し当てて脱水。自然乾燥する
- **シワができた場合**
  ハンガーにかけて形を整えたら、浴室の蒸気で伸ばす

✹ 必要な道具

かぎ針編みは、１本の針で編めることが魅力です。ここでは針以外の基本の道具や、あると便利なアイテムをご紹介。100円ショップなどで手軽に手に入ります。

[手芸用はさみ]

糸をカットするときに使います。小さめの糸切りはさみの方が細かい作業がしやすくおすすめです。

[とじ針]

糸始末や編み地をとじるときに使用します。先端が丸く、縫い針より太めの毛糸用を用意しましょう。

[目数リング]

編み目に引っかけて使います。編みはじめや、段ごとに目印を付けるのに便利です。

[定規またはメジャー]

糸端の長さやサイズを測るときに使います。

❋ 本書の使い方

- 完成サイズや糸端など、すべてのサイズ表記は目安です
- 作品の毛糸はすべて毛糸ピエロブランドを使用しています
  （「ふわふわのシュシュ」を除く）
- 掲載商品は、2023年9月の商品情報です。掲載商品は流動的なため、商品の販売が終了している場合があります
  ※ソルベ（p.7、68）は販売終了しています
- 本書で紹介する作品は、すべてミミアムのオリジナル作品です。作り方の転載、複製して配布、販売することは固く禁じます
- 本書を参考にして作った作品を販売する場合は、本書を参考にした旨を記載してください
  （例：デザイン／ミミアム『一年中楽しめるかぎ針編みのバッグと小物』）
- 作り方ページに掲載されているQRコードをスマートフォンやタブレットなどで読み取り、表示されたURLをブラウザで開くと、作り方の参考動画を閲覧することができます。あくまで参考動画のため、本書と異なる場合があります
- 動画を閲覧するためのQRコードおよびURLの転載、動画をYouTubeなどネットワーク上にアップロードする行為は固く禁じます
- 動画閲覧サービスは予告なく終了することがございます。あらかじめご了承ください
- QRコードは株式会社デンソーウェーブの登録商標です

基本の編み方

針の持ち方から作り目、基本の編み方はもちろん、かんたんな編み図の読み方をご紹介。はじめて挑戦する方、あきらめたことがある方は、まずはここから始めましょう

基本の編み方

基本の編み方はもちろん、糸始末の仕方や編み図の読み方までをていねいに解説します。はじめてチャレンジする方はぜひ、参考にしてください。

❋ 糸の引き出し方

外側ではなく、糸玉の中から糸端を出すことで、糸がねじれにくくなる

❋ 糸と針の持ち方

針は右手で鉛筆と同じように持つ。糸は左手の親指と薬指で糸端側を、人差し指と中指で糸玉側をはさむ

❋ 一般的な作り目

1 | 糸端を10cm残して糸を持ち、ピンと張った糸の後ろ側に、針を置く

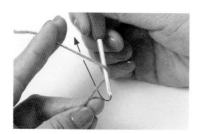

2 | 針を手前に引き、針先を下に向けて針を回す

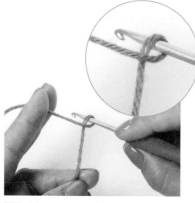

3 | 針に糸のループ（輪）ができる

4 | 針先を糸の手前に置き、糸を持ち上げる

5 | 針先に糸を引っかける

6 | 針を右に引き、3でできたループを引き抜く

7　ループから糸を引き出す

8　糸を引き上げる

9　根元を締める

✳ くさり編み ⬭

1　人差し指に糸玉側の糸をかけ、親指と中指で根元をはさむ

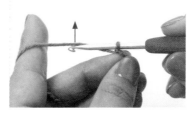

2　針先を糸の手前に置き、糸を持ち上げる

3　針先に糸を引っかける

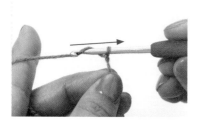

4　針を右に引き、ループを引き抜く

5　糸を引き出す

6　糸を引き上げる。くさり編みの1目めができた

7　針先を糸の手前に置き、糸を持ち上げる

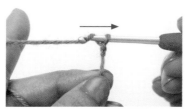

8　針先に糸を引っかけて針を右に引き、ループを引き抜く

9　糸を引き上げる。2目めができた

10 | 7～9を繰り返す

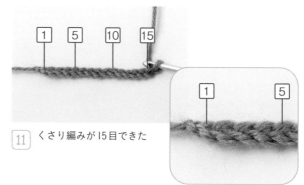

11 | くさり編みが15目できた

※ 細編み ╳

1 | 人差し指に糸玉側の糸をかけ、親指と中指でくさり編みをはさむ

くさり編み1目

2 | くさり編みを1目編んで立ち上がる

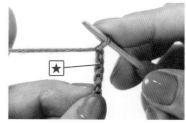

★

3 | 根元を締め、くさり編みの裏側を表に向ける。立ち上がり1目の隣[★]に針を入れる

4 | 針先を糸の手前に置き、糸を持ち上げる

5 | 針先に糸を引っかけて針を右に引き、1つ目のループを引き抜く

6 | 糸を引き上げ、ループの高さをそろえる

7 | もう一度針先を糸の手前に置き、糸を持ち上げる

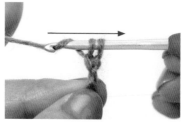

8 | 針先に糸を引っかけて針を右に引き、2つのループを一度に引き抜く

9 | 細編みが1目できた

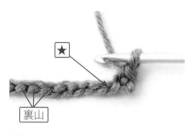

10 2目めの裏山［★］に針を入れる

11 針先を糸の手前に置き、糸を持ち上げる

12 針先に糸を引っかけて針を右に引き、1つ目のループを引き抜く

13 もう一度針先を糸の手前に置き、糸を持ち上げる

14 針先に糸を引っかけて針を右に引き、2つのループを一度に引き抜く

15 細編みが2目できた

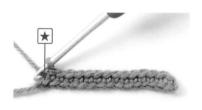

16 1段めの14目めまで編んだら、最後の裏山［★］に針を入れる

17 最後の細編みを編む

18 1段めが編み終わった

19 立ち上がり1目を編む

20 針を軸に、編み地を手前から裏返す

21 1段め最後の細編みのあたま糸2本［★］に針を入れる

22 1段めと同様に細編みを編む

23 目数リングを使用する場合は、このタイミングで入れる（細編み1目め）

24 続けて2目め［★］を編む（上から見ると目が確認しやすい）

25 2段めの14目めまで編んだら、最後の目［★］に針を入れる

26 2段めが編み終わった

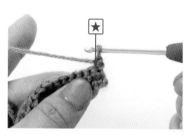

27 立ち上がり1目を編み、針を軸に編み地を手前から裏返す

28 2段め最後の細編みのあたま糸2本［★］に針を入れる

29 3段めを編む

30 3段めの14目めまで編んだら、目数リングを外す。リングと同じ場所に針を入れ、細編みを編む

31 目数リングを入れなおして4段めを編み始める

32 6段めまで編み終わった

❉ 長編み 下

1 くさり編みを15目作る

2 くさり編みを3目編んで立ち上がる

3 根元を締め、くさり編みの裏側を表に向ける

4 針先を糸の手前に置いて糸を持ち上げ、糸をかける。くさり編み5目め［★］に針を入れる

5 もう一度針先に糸をかける

6 針先に糸を引っかけて右に引き、1つ目のループを引き抜く

7 ループが3つになった

8 もう一度糸をかける。高さをそろえて針先に糸を引っかけて右に引き、2つのループを一度に引き抜く

9 ループが2つになった

10 もう一度糸をかける。高さをそろえて針先に糸を引っかけて右に引き、2つのループを一度に引き抜く

11 長編みが1目できた

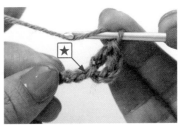

12 糸をかけて次の目［★］に針を入れる

13 ループが3つになった

14 もう一度糸をかける。針先に糸を引っかけて右に引き、1つ目のループを引き抜く

15 ループは3つのまま

16 もう一度糸をかける。高さをそろえて針先に糸を引っかけて右に引き、2つのループを一度に引き抜く

17 ループが2つになった

18 もう一度糸をかける。高さをそろえて針先に糸を引っかけて右に引き、2つのループを一度に引き抜く

19 長編み2目ができた

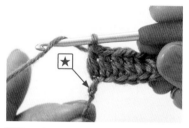

20 1段めの14目めまで編んだら、糸をかけて最後の目［★］に針を入れる

21 長編みを編む

22 1段めが編み終わった

23 くさり編みを3目編んで立ち上がる

24 針を軸に、編み地を手前から裏返す

34

25 針先を糸の手前に置いて糸をかける。1段めの端から2目めのあたま糸2本［★］に針を入れる

26 もう一度針先に糸をかけて針を右に引き、1つ目のループを引き抜く

27 長編みを編む。2段めの長編み1目めができた

28 目数リングを使用する場合は、このタイミングで入れる（立ち上がりのくさり編み3目め）

29 2段めが編み終わった

30 くさり編みを3目編んで立ち上がり、針を軸に手前から裏返す

31 3段めを長編みし、14目めまで編んだら目数リングを外す。リングと同じ場所に針を入れ、長編みを編む

1　くさり編みを15目編む

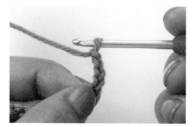

2　くさり編みを2目編んで立ち上がる。根元を締め、くさり編みの裏側を表に向ける

3　針先を糸の手前に置いて糸を持ち上げ、糸をかける。くさり編み4目め［★］に針を入れる

4　ループが3つになった

5　もう一度糸をかける。針先に糸を引っかけて右に引き、1つめのループを引き抜く

6　ループは3つのまま

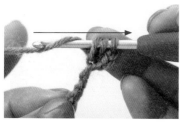

7　もう一度糸をかける。ループの高さをそろえて針先に糸を引っかけて右に引き、3つのループを一度に引き抜く

8　中長編みが1目できた

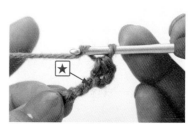

9　糸をかけて次の目［★］に針を入れる

10　ループが3つになった

11　もう一度糸をかける。針先に糸を引っかけて右に引き、1つめのループを引き抜く

12　ループは3つのまま

13 もう一度糸をかける。ループの高さをそろえて針先に糸を引っかけて右に引き、3つのループを一度に引き抜く

14 中長編みが2目できた

15 1段めの14目めまで編んだら、糸をかけて最後の目［★］に針を入れる

16 中長編みを編む。1段めが編み終わった

17 くさり編みを2目編んで立ち上がる

18 針を軸に、編み地を手前から裏返す

19 針先を糸の手前に置いて糸をかける。1段めの端から2目めのあたま糸2本［★］に針を入れる

20 ループが3つになった

21 もう一度糸をかける。針先に糸を引っかけて右に引き、1つめのループを引き抜く

22 ループは3つのまま

23 もう一度糸をかける。ループの高さをそろえて針先に糸を引っかけて右に引き、3つのループを一度に引き抜く

24 2段めの中長編み1目めができた

25 目数リングを使用する場合は、このタイミングで入れる（立ち上がりくさり編み2目の2目め）

26 2段めが編み終わった

27 くさり編みを2目編んで立ち上がる

28 針を軸に手前から裏返す

29 3段めを中長編みで編む

30 14目めまで編んだら目数リングを外す。リングと同じ場所に針を入れ、中長編みを編む

31 3段めが編み終わった

❋ 円編み（細編み）

1　手前に糸玉がくるように、左手の
　　人差し指と中指に糸をかける

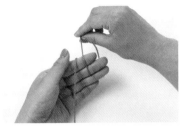

2　糸端を右手で持ち上げ、人差し指
　　と中指に一周巻く

3　もう一周巻き付ける

4　右手でかぎ針を持つ

5　人差し指と中指に巻き付いた3つ
　　のループの下にかぎ針を入れる

6　針先を一番左のループに引っかけ
　　る

7　引っかけたループを引き出す

8　ループから糸を引き出し、引き上
　　げる

9　糸玉側の糸の手前に針を置き、糸
　　を持ち上げる

10　針先に糸を引っかける

11　針を右に引き、8 でできたループ
　　を引き抜く（引き抜き編み）

12　ループから引き出した糸を引き上
　　げる

13 左手の人差し指と中指を輪からはずす

14 糸玉側の糸を引き、根元を締める

15 糸玉側の糸を左手の人差し指にかけ、親指と薬指で輪をはさむ

16 左手の人差し指で糸をピンと張り、針先を輪の中に入れる

17 糸をピンと張る

18 糸玉側の糸を持ち上げて、針先をひっかける

19 輪にくぐらせて引き上げる

20 2つのループの高さをそろえて針先を糸の手前に置く

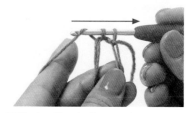

21 糸を持ち上げて針先に糸を引っかける。針を右に引き、2つのループを一度に引き抜く

22 ループから糸を引き出す。1目でできた

23 糸を引き上げて針先を輪の中に入れて2目めを編む

24 糸とループの高さをそろえて、針先をひっかける。19〜22を繰り返して2目めを編む

25　23～24を繰り返して6目編む

26　針を引き上げ、ループを広げる

27　針をはずし、根元を押さえながら糸端を少し引く

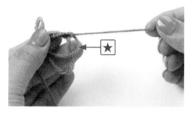

28　糸端を引いて短くなった方の輪[★]を確認する

29　28で確認した糸を引く

30　輪が小さくなるまで引く

31　しっかりと引いて引き締める

32　糸端を引く

33　円形の細編みが1段編めた

34　ループに針を戻し、糸玉側の糸を左手の人差し指にかける

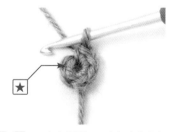

35　22でできた細編みのあたま糸2本[★]に針を入れる

36　針先を糸の手前に置き、糸を持ち上げる

37 針先に糸を引っかけて右に引き、2つのループを一度に引き抜く（引き抜き編み）

38 1段めが編み終わった

39 くさり編みを1目編んで立ち上がる

40 1段めの1目めのあたま糸2本に針を入れる

41 40と同じ目に針を入れ、糸をかけて細編みを編む

42 2段めの1目めができた

43 目数リングを使用する場合は、このタイミングで入れる。40と同じ目に針を入れる（増し目）

44 糸をかけて細編みをする

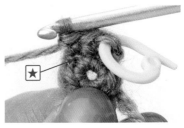

45 次の目に針を入れ、3目めが編めた。同じ目［★］にもう一度針を入れる

46 糸をかけて細編みをする

47 4目めができた。このまますべての目に細編みを2目編み入れていく

48 目数リングの手前まで（計12目）編んだら目数リングを外し、リングと同じ場所に針を入れる

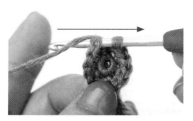

49 糸をかけて2つのループを1度に引き抜く（引き抜き編み）

50 2段めが編み終わった（計12目）。くさり編みを1目編んで立ち上がり、2段めの1目めのあたま糸2本に針を入れる

51 細編みを編んだら、リングを入れなおす。次の目から、細編み2目（増し目）＋細編み1目を交互に繰り返し、3段めを編む

52 目数リングの手前まで（計18目）編んだら目数リングを外し、リングと同じ場所に針を入れる

53 引き抜き編みをして3段めができた。編み図（P.49）を参照して増し目をしながら編む

54 編み終わりは糸玉側の糸をカットし、引き抜く

四角編み（細編み）

1 円と同じ方法で輪を作る（p.39 1 〜 13 ）。糸玉側の糸を引き、根元を締める

2 細編みを1目編む

3 くさり編みを2目編み、細編みを1目編む

4 くさり編みを2目編み、細編み1目＋くさり編み2目をあと2回繰り返す

5 針を引き上げてループを広げ、針を外す。

6 根元を押さえながら糸端を少し引く

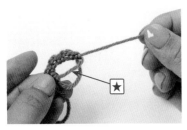

7 糸端を引いて短くなった方の輪［★］を確認する

8 ⑦で確認した糸を引く

9 輪が小さくなるまでしっかりと引き締める

10 糸端を引く

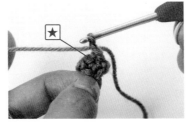

11 ループに針を戻し、②でできた細編みのあたま糸2本［★］に針を入れる

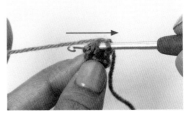

12 針先に糸を引っかけて右に引き、2つのループを一度に引き抜く（引き抜き編み）。細編みの四角編み1段めが編めた

13 1段めが編み終わったら、くさり編みを1目編んで立ち上がる

14 目数リングを使用する場合は、このタイミングで入れる。1段めの1目め［★］に針を入れ、細編みを編む

15 1段めのくさり編みの下に針を入れ、2段目の細編み2目めを編む

16 くさり編みを2目編む（角を作る）

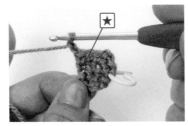

17 次の［★］に針を入れ、細編みを3目編む

18 くさり編みを2目編む（角を作る）

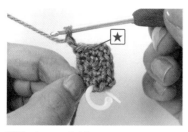

19　次の目 [★] に針を入れ、細編みを3目＋くさり編み2目を編み、さらに細編みを1目編む

20　目数リングを外し、リングと同じ場所に針を入れる

21　引き抜き編みをして2段めができた。くさり編みを1目編んで立ち上がり、細編みを3目編む

22　くさり編みを2目編む

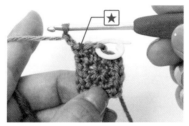

23　次の目 [★] に針を入れ、細編みを5目編む

24　くさり編み2目＋細編み5目を2回編む

25　くさり編みを2目編み、細編みを2目編む

26　目数リングを外し、リングと同じ場所に針を入れて引き抜き編みをする。編み終わりは糸玉側の糸をカットし、引き抜く

❋ 糸始末

1　編み終わったら糸端を10cm残してカットし、針先に糸をひっかけ、ループを引き抜く

2　編み地を裏にしてとじ針に糸を通し、編み終わりの下2目に針を入れてすくう

3　さらに逆側から2目に針を入れてすくう

4　余分な糸をカットする

5　とじ針に編み初めの糸を通し、2目に針を通してすくう

6　余分な糸をカットする

❋ 糸替え（足りなくなった場合）

1　最後に引き抜く手前で新しい糸を用意する

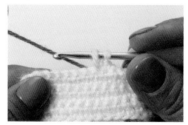

2　編み地の後ろ側に置く。糸端を右手で押さえ、糸玉側の糸を人差し指にかける

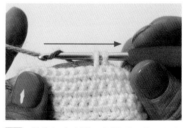

3　針先に糸を引っかけて、2つのループを一度に引き抜く

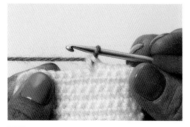

4　次の目に針を入れて細編みをする

5　続けて編んでいく

6　裏地を見てつなぎ目を確認する

糸替え（次の段で替える場合）

1 最後に引き抜く手前で替えたい新しい糸を用意する

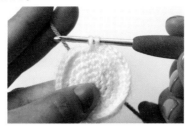

2 編み地の後ろ側に置く。糸端を右手で押さえ、糸玉側の糸を人差し指にかける

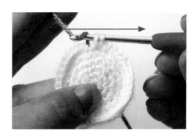

3 針先に糸を引っかけて、2つのループを一度に引き抜く

4 次の目に針を入れて細編みをする

5 続けて編んでいく

6 一段編み終わった

7 裏地を見てつなぎ目を確認する

基本の編み図の読み方

作品を正確に仕上げるためには編み図が必須です。
基本の編み図記号と編み図の読み方を、正しく理解しておきましょう。

往復編み

くさり編みを15目編む（作り目）。※作り目は1段めと数えない
くさり編み1目で立ち上がり15目編む（①）。
くさり編み1目で立ち上がり15目編む（②）。
※立ち上がりのくさり編みは、中長編みは2目、長編みは3目
③〜⑥まで繰り返す。

※ 細編み6段

○ くさり編み
× 細編み

```
⑥→ ○×××××××××××××××
   ××××××××××××××× ○←⑤
④→ ○×××××××××××××××
   ××××××××××××××× ○←③
②→ ○×××××××××××××××
   ××××××××××××××× ○←①
編みはじめ
（くさり編み15目）→ ○○○○○○○○○○○○○○○
```

※ 中長編み6段

○ くさり編み
T 中長編み

※ 長編み6段

○ くさり編み
T 長編み

円編み

❋ 細編み6段

○　くさり編み

×　細編み

●　引き抜き編み

Ｖ　細編み2目編み入れる

〈細編み6段の場合〉

輪を作って6目編む（①）。

くさり編み1目で立ち上がり、2目編み入れる×6回編む。引き抜き編みをする（②）。

くさり編み1目で立ち上がり2目編み入れる＋細編みを6回編んで引き抜き編みをする（③）。

④～⑥は編み図を参照して、増し目をしながら編む。

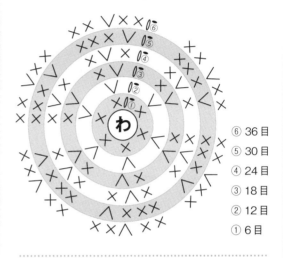

⑥ 36目
⑤ 30目
④ 24目
③ 18目
② 12目
① 6目

❋ 中長編み6段

○　くさり編み

Ｔ　中長編み

●　引き抜き編み

Ｖ　中長編み2目編み入れる

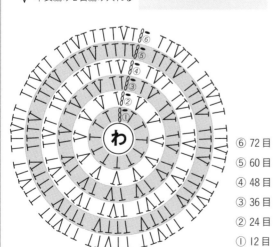

⑥ 72目
⑤ 60目
④ 48目
③ 36目
② 24目
① 12目

❋ 長編み6段

○　くさり編み

Ｔ　長編み

●　引き抜き編み

Ｖ　長編み2目編み入れる

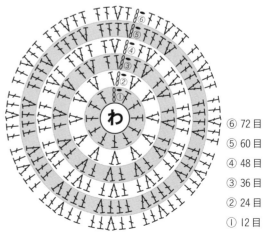

⑥ 72目
⑤ 60目
④ 48目
③ 36目
② 24目
① 12目

四角編み

✳ 細編み6段

○ くさり編み
× 細編み
● 引き抜き編み

〈細編み6段の場合〉

輪を作って1目＋くさり編み2目を4回編む（①）。

くさり編み1目で立ち上がり、2目＋くさり編み2目編む。3目＋くさり編み2目を3回編む。1目編んで引き抜き編みをする（②）。

くさり編み1目で立ち上がり、3目＋くさり編み2目編む。5目＋くさり編み2目を3回編む。2目編んで引き抜き編みをする（③）。

④〜⑥は編み図を参照して、増し目をしながら編む。

✳ 中長編み6段

○ くさり編み
T 中長編み
● 引き抜き編み

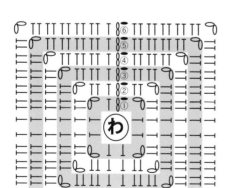

✳ 長編み6段

○ くさり編み
T 長編み
● 引き抜き編み

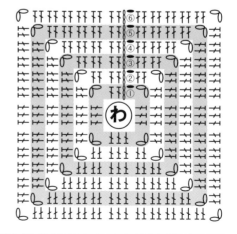

編み図記号一覧

⬯	くさり編み	参照ページ ▶ P.29
✕	細編み	参照ページ ▶ P.30
⊤	長編み	参照ページ ▶ P.33
⊤	中長編み	参照ページ ▶ P.36
ⓦ	輪の作り目	参照ページ ▶ P.39
V	細編み2目編み入れる	参照ページ ▶ P.49
V	中長編み2目編み入れる	参照ページ ▶ P.49
⬬	引き抜き編み	参照ページ ▶ P.49
V	長編み2目編み入れる	参照ページ ▶ P.49
⬭	中長編み3目の玉編み	参照ページ ▶ P.60
✕	細編みのすじ編み	参照ページ ▶ P.64
∧	細編み2目一度	参照ページ ▶ P.64
⬭	長編み3目の玉編み	参照ページ ▶ P.76
⬭	長編み2目の玉編み	参照ページ ▶ P.76
⋀	長編み3目一度	参照ページ ▶ P.76
⋁	長編み3目編み入れる	参照ページ ▶ P.76
⋁	中長編み3目編み入れる	参照ページ ▶ P.76
⤫	バック細編み	参照ページ ▶ P.84
✕	1段下に針を入れて細編み	参照ページ ▶ P.84

	くさり編み3目のピコット編み	参照ページ ▶	P.92
	長編み4目編み入れる	参照ページ ▶	P.92
	長編み2目一度	参照ページ ▶	P.99
	中長編み2目一度	参照ページ ▶	P.105
	長編み7目のすじ編み	参照ページ ▶	P.114
	長編み7目編み入れる	参照ページ ▶	P.114
	長編み3目のすじ編み	参照ページ ▶	P.114
	長々編みの表引き上げ編みと 長編みの交差編み(左上)	参照ページ ▶	P.121
	長々編みの表引き上げ編みと 長編みの交差編み(右上)	参照ページ ▶	P.121
	長編みの表引き上げ編み	参照ページ ▶	P.121
	長々編みの表引き上げ編みの交差編み(左上)	参照ページ ▶	P.121
	長々編みの表引き上げ編みの交差編み(右上)	参照ページ ▶	P.121
	長編み5目のパプコーン編み	参照ページ ▶	P.121
	長編み6目編み入れる	参照ページ ▶	P.151
	中長編み3目の変わり玉編み	参照ページ ▶	P.155
	中長編み3目の変わり玉編みの2目一度	参照ページ ▶	P.155
	中長編み3目の変わり玉編みの3目一度	参照ページ ▶	P.155
	中長編み3目の変わり玉編みの4目一度	参照ページ ▶	P.155

Chapter 2

基本テクニックで作る
小さな小物

基本の細編みや長編みだけで作れる
小さな小物やバッグです。
編み図も複雑ではないので、まずはこ
こから始めてみましょう。

ふわふわのシュシュ

目数やゴムの太さを気にせずに編めるシュシュ。ふわふわの糸は目が見えづらいので、好みのボリュームになるまで自由に編んでみてください。

◆使用糸：毛足の長い糸（10g）
◆使う道具
　ジャンボかぎ針7mm
◆完成サイズ目安
　直径10cm

【編み方手順】
① ヘアゴムに糸を付ける
② 中長編みで一周編み付ける
③ 引き抜いて糸をカットする

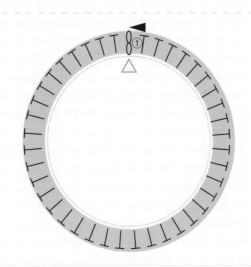

△ 糸を付ける　　　　① 41目
○ くさり編み
T 中長編み
◀ 糸をカットする

❈ ヘアゴムに糸を付ける

1 左手で糸を持ち、ヘアゴムに針をかける

2 針先を糸の手前に置き、糸を持ち上げて糸を引っかける

3 ヘアゴムから糸を引き出す

4　針先に糸を引っかけて、ループを引き抜く

5　くさり編みが2目編めた

中長編みで一周編み付ける

6　針先を糸の手前に置き、糸を持ち上げて糸をかける

7　根元を締め、ヘアゴムに針を入れる。針先に糸を引っかけて引き出す

8　もう一度針先に糸をかける

9　ループの高さをそろえ、針先に糸を引っかけて針を右に引き、3つのループを一度に引き抜く（中長編み）

10　中長編みを繰り返す

11　好みのボリュームになるまで編み続ける

引き抜いて糸をカットする

12　一周編む（41目程度）

13　一周編んだら糸をカットして引き抜く

14　余分な糸をカットする

動画もチェック！

四角形のコースター

長編みだけで仕上がる四角いコースターです。編み方はシンプルですがとてもかわいい仕上がりなので、ぜひ色違いで作ってみてください。

◆使用糸：コットン・ニィート（S）6g
ホワイト（01）　パウダーブルー（10）
ライムライト（20）　ローズピンク（29）
（おすすめの糸種：コットン、ウール）

◆使う道具
かぎ針5/0号、とじ針

◆完成サイズ目安
9×9cm

【編み方手順】

❶ 輪を作って立ち上がる

❷ 1段めを編む（長編み3目＋くさり編み2目）

❸ 2段めを編む（長編み7目＋くさり編み2目）

❹ 3段めを編む（長編み13目＋くさり編み2目）

❺ 4段めを編む（長編み21目＋くさり編み2目）

○ くさり編み　　　④ 84目
† 長編み　　　　　③ 52目
● 引き抜き編み　　② 28目
◀ 糸をカットする　① 12目

輪を作って立ち上がる

1 円編みの輪を作る（p.39）

2 くさり編み（p.29）を3回編む

❋ 1段めを編む

3 長編み（p.33）を1目編む

4 長編みをもう1目編む

5 くさり編みを2目編む

6 長編みを3目編む

7 くさり編みを2目編む

8 長編み3目＋くさり編み2目をあと2回作る。針を外して輪を絞る（p.41）

9 ②の立ち上がりのくさり編み3目め［★］に針を入れる

10 針先に糸を引っかけて引き抜く（引き抜き編み）

11 1段めが編み終わった

❋ 2段めを編む

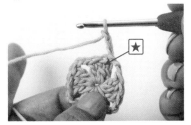

12 くさり編み3目で立ち上がり、針先に糸をかけて1目め［★］に針を入れて長編みを編む

13 隣の目に針を入れて長編みを編む

14 角のくさり編みの下に針を入れ、長編みを2目編む

15 くさり編みを2目編み、14と同じ
ところ［★］に針を入れる

16 長編みを2目編む

17 次の目から長編みを3目編む。14
と同様に長編みを2目編む

18 角にくさり編みを2目編み、長編
み7目＋くさり編み2目を2回編
みながら、一周する

19 1段めの立ち上がりのくさり編み
3目め［★］に針を入れる

20 針先に糸を引っかけて引き抜く
（引き抜き編み）

21 2段めが編み終わった

3段めを編む

22 くさり編み3目で立ち上がり、長
編みを7目編む

23 くさり編みを2目編んで、長編み
を13目編む

24 くさり編みを2目＋長編み13目を
2回、長編みを5目編んで引き抜
き編みをする

❋ 4段めを編む

25 くさり編み3目で立ち上がり、長編みとくさり編みを繰り返す。3段めの立ち上がりのくさり編み3目めに針を入れる

26 引き抜き編みをする

27 4段めが編み終わった。糸をカットして引き抜く

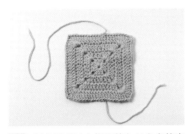

28 編みはじめと編み終わりを糸始末（p.46）する

円形のコースター

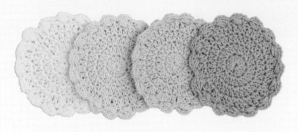

長編み4段の円形にフチ飾りを付けたコースターです。フチの玉編みは、同じ目に中長編みを3目入れて引き抜くだけ。基本の編み方だけで作れます。

◆使用糸：コットン・ニィート（S）6g
　ホワイト（01）　パウダーブルー（10）
　ライムライト（20）　ローズピンク（29）
　（おすすめの糸種：コットン、ウール）

◆使う道具
　かぎ針5/0号、とじ針

◆完成サイズ目安
　直径10cm

【編み方手順】

❶ 長編み4段の円を編む

❷ 中長編み3目の玉編みを編む

❸ 引き抜いて糸をカットする

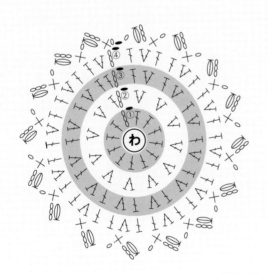

◯	くさり編み		④ 48目
⊤	長編み		③ 36目
➤	引き抜き編み		② 24目
V	長編み2目編み入れる		① 12目
✕	細編み		
⿻	中長編み3目の玉編み		

❀ 長編み4段の円を編む

1 　輪を作り、くさり編み3目で立ち上がり、増し目をしながら4段の円を編む

❀ 中長編み3目の玉編みを編む

2 　長編みを4段編み終わったら、くさり編み1目で立ち上がる

3 　4段めの立ち上がりのくさり3目めに針を入れる

4 　細編みを1目編む

5 　くさり編みを3目編む

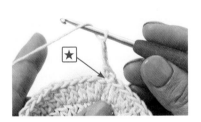

6 　針先に糸をかける。最初の細編みと同じ目［★］に針を入れる

7 　あたま糸2本に針が入った

8 　針先に糸を引っかける

9 　8で針を入れた目を引き抜く

10 　ループの高さをそろえて糸を引き上げる

11 未完成の中長編みができた。もう一度針先に糸をかける

12 8と同じ目に針を入れ、針先に糸を引っかける

13 8と12で針を入れた目を引き抜き、ループの高さをそろえて糸を引き上げる。もう一度針先に糸をかける

14 8と12と同じ目に針を入れる。針先に糸をかける

15 8と12と14で入れた目を引き抜く。ループの高さをそろえて糸を引き上げる

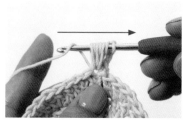

16 針先に糸を引っかけ、7つのループを一度に引き抜く

17 中長編み3目の玉編みができた

18 くさり編みを1目編む。2目飛ばして［★］に針を入れる

19 糸をかける

20 細編みを1目編む

21 くさり編み3目を編む。2つめの玉編みを編み始める

22 1回目（7〜10）の未完成の中長編み（ループは3つ）

23 2回目（11〜13）未完成の中長編み（ループは5つ）

24 3回目（14〜16）の未完成の中長編み（ループは7つ）

25 2つ目の玉編みができた

26 くさり編みを1目編む

27 2目飛ばして針を入れ、玉編みを繰り返す

28 玉編みが15できた

29 [★] に針を入れる

30 糸をかける

31 引き抜き編みをする

引き抜いて糸をカットする

32 糸をカットして引き抜く

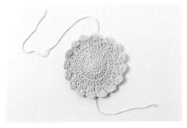

33 編み終わりと編み初めを糸始末（p.46）し、糸をカットする

動画もチェック！

ミルク瓶の印かん置き

細編みだけで作れる、小さなケースです。印かんやリップクリームなど、よく使うものを入れて玄関などに置くとかわいくて便利。

◆使用糸：ベーシックコットン（5g）
　カフェオレ（7）　ココア（8）
　（おすすめの糸種：コットン、ウール、アクリル）
　お好みの紐（30cm）
◆使う道具
　かぎ針5/0号、とじ針
◆完成サイズ目安
　直径3cm　高さ4cm

【編み方手順】
❶ 細編みで底を編む
❷ 細編みのすじ編みで5段めを編む
❸ 減らし目をしながら11段めを編む（細編み2目1度）
❹ 形を整えて紐を結ぶ

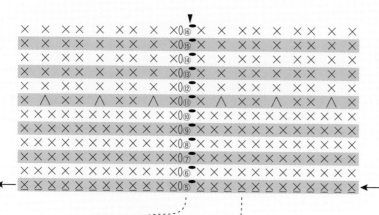

【仕上げ】

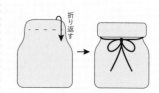

30cm程度の紐を用意してリボン結びする

◯	くさり編み
✕	細編み
⚫	引き抜き編み
V	細編み2目編み入れる
⤬	細編みのすじ編み
∧	細編み2目一度
◀	糸をカットする

⑪〜⑯ 18目
⑤〜⑪ 24目
④ 24目
③ 18目
② 12目
① 6目

❊ 細編みで底を編む

<u>1</u>　輪を作り、増し目をしながら4段の円形を編む

❊ 細編みのすじ編みで5段めを編む

<u>2</u>　くさり編み1目で立ち上がる

<u>3</u>　1目めの向こう半目［★］に針を入れる

<u>4</u>　糸をかけて右に引き、1つめのループを引き抜く

<u>5</u>　ループは2つ

<u>6</u>　糸をかけて右に引き、2つのループを一度に引き抜く（編み方は細編みと同じ）

<u>7</u>　次の目の向こう半目［★］に針を入れる

<u>8</u>　（4～6）を繰り返す

<u>9</u>　すじ編みが2目できた

<u>10</u>　すじ編みを24目編んだら、最初のあたま糸2本に針を入れる

11 引き抜き編みをする

12 くさり編み1目で立ち上がり、最初の細編みのあたま糸2本に針を入れる

13 細編みをする。このまま増し目無しで5段編む

減らし目をしながら11段めを編む

14 くさり編み1目で立ち上がり、細編みを1目編む

15 次の目［★］に針を入れる

16 針先に糸をかけ、15で入れた目を引き抜く

17 未完成の細編みができた（ループは2つ）

18 次の目に針を入れて糸をかける

19 18で入れた目を引き抜く（ループは3つ）

20 糸をかけて右に引き、3つのループを一度に引き抜く

21 減らし目（細編み2目一度）ができた

22 細編みを2目編む

23 15〜20を繰り返して減らし目をする

24 細編み1目＋減らし目＋細編み2目＋減らし目ができた

25 一周編めたら最初の細編みのあたま糸2本に針を入れ、引き抜き編みをする

26 くさり編み1目で立ち上がり、増し目無しで細編みを5段編む

27 編み終わったら糸をカットし、引き抜いて糸始末（p.46）をする

形を整えて紐を結ぶ

28 最後の5段を外側に折り返す

29 好みの紐30cm程度を巻いてリボン結びする

動画もチェック！

Chapter 2

シンプル巾着

キャンディなどの小さな小物をしのばせたい巾着です。紐を絞るとコロンと丸くなるフォルムもキュート。細編みだけのシンプルなアイテムです。

◆使用糸：ソルベ（15g）
　キャンディ（04）ショコラ（05）
　（おすすめの糸種：コットン）
　好みの紐（35cm）×2本
◆使う道具
　かぎ針5/0号、とじ針
◆完成サイズ目安
　直径5cm　高さ6.5cm

【編み方手順】

❶ 細編みで底を編む

❷ 細編みで側面を編む

❸ 紐を通す

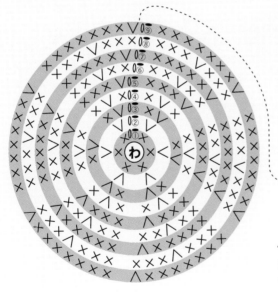

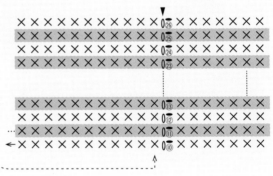

○ くさり編み	⑤ 30目	⑩〜⑳ 54目
✕ 細編み	④ 24目	⑨ 54目
Ｖ 細編み2目編み入れる	③ 18目	⑧ 48目
	② 12目	⑦ 42目
● 引き抜き編み	① 6目	⑥ 36目
◀ 糸をカットする		

細編みで底を編む

1　輪を作り、9段めまで増し目をしながら底を円編みする

細編みで側面を編む

2　26段めまで増し目無しで細編みを編む

紐を通す

紐通し位置

3　とじ針に紐を通す。25段め（編み終わりから2段下）の編みはじめから3目おきになみ縫いを一周する

4　1本の紐を縫い終わったら、2本めの紐をとじ針に通す。

5　1の反対側から針を入れ、1本めと交互になるように一周通す

6　2本の紐を通し終わったところ。紐の先を2本まとめて結ぶ

細編みだけのシンプルバッグ

細編みだけのシンプルなバッグです。単色はもちろん、好みの色でボーダー柄にするのもおすすめ。

◆使用糸：Aコットン・ニィート110g
　　　　　Bコットン・ニィート60g
　Aライトブラウン（617）　Bサンドベージュ（702）
　（おすすめの糸種：コットン、ウール、アクリル）
◆使う道具
　かぎ針8/0号、とじ針
◆完成サイズ目安
　直径12cm　高さ15cm　幅22cm

【編み方手順】
❶ 底を編む
❷ 側面を編む
❸ 持ち手を編む
❹ 持ち手を縫い付ける

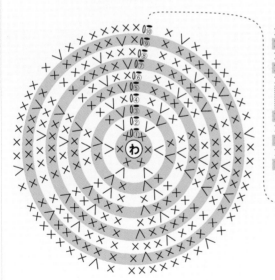

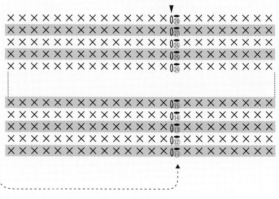

✕ 細編み	⑥ 36目	⑪～㉘ 60目
○ くさり編み	⑤ 30目	⑩ 60目
∨ 細編み2目編み入れる	④ 24目	⑨ 54目
● 引き抜き編み	③ 18目	⑧ 48目
◀ 糸をカットする	② 12目	⑦ 42目
	① 6目	

①～⑯ A糸、⑰～㉘ B糸、持ち手 A糸

❋ 底を編む

1　A糸2本どりで輪を作り、増し目
　　をしながら細編みで10段編む

❋ 側面を編む

2　増し目無しで16段めまで細編みし、
　　糸替え（B糸2本どり）をする

3　増し目無しで28段めまで編む

❋ 持ち手を編む

持ち手

④→0××××××　　××××××
　　××××××　～　××××××
②→0××××××　　××××××0←③
　　××××××　　××××××0←①
　　〇〇〇〇〇〇　〇〇〇〇〇〇
　　→（作り目）36目
　　　　　　　　　　　　　　　←⑤

持ち手のまとめ方

28cm　2cm

↑編みはじめと編み
終わりを半分に折
り、引き抜き編み
でとじる

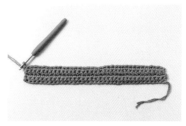

4　作り目を36目作り、細編みで4段
　　編む

5　糸をカットせずに編み地を半分に
　　折る

6　編み始めと編み終わりの目を合わ
　　せる

7　針を入れて糸をかける

8　2目（2本どりなので糸4本）を
　　一度に引き抜く

9　次の目以降も⑦〜⑧と同じように
　　引き抜き編みをする

10　同じ持ち手をもう1つ作る

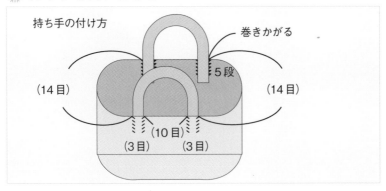

持ち手の付け方

巻きかがる

5段

(14目)　(14目)

(10目)

(3目)　(3目)

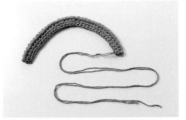

11　糸を50cm程度残してカットし、とじ針に糸を通す

12　本体の上から5段め、左右を14目残した位置にとじ針を通す。持ち手の端にも針を通す

13　糸を引いたら1段上にも針を通す

14　持ち手の付け根3目を巻きかがる

15　反対側も巻きかがる

16　縫い終わりの3目も巻きかがる

17　糸始末（p.46）をする

18　余分な糸をカットする

19　持ち手を1本縫い付けた。もう1本も同じように縫い付ける

動画もチェック！

春の編み物

暖かい日差しの中、お出かけが楽し
みになるバッグやポーチを編んでみ
ましょう。持ち運びに便利な薄手の
ストールも素敵です。

Chapter 3

キャラメルポーチ

コスメもステーショナリーもたっぷり入る、ふんわりポーチ。偶数の作り目であればサイズ調整も自由自在なので、オリジナルサイズも楽しめます。

◆使用糸：ウタタネコットン（46g）
　さんご（02）　いちごみるく（04）
　（おすすめの糸種：コットン）
◆使う道具
　かぎ針6/0号、とじ針、ファスナー（18cm）、ボンド
◆完成サイズ目安
　高さ10cm　幅20cm

【編み方手順】
❶ 本体を編んでファスナーを
　 付ける
❷ 本体を縫い合わせる

→ファスナー付け位置

【完成サイズ】

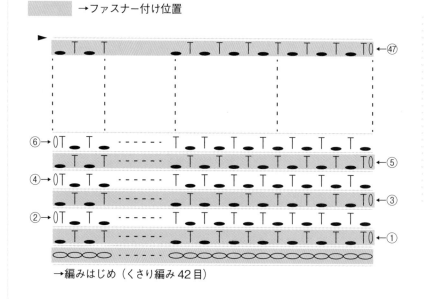

→編みはじめ（くさり編み42目）

○ くさり編み

T 中長編み

● 引き抜き編み

◀ 糸をカットする

①〜㊼ 42目

本体を編んでファスナーを付ける

1 作り目を42目作り、中長編みと引き抜き編みを繰り返す。往復編みで47段編む

2 ファスナーの表側にボンドを付ける

3 編み地の裏側にファスナーを付け、乾かす

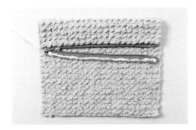

4 もう片方のファスナーにもボンドを付ける

5 反対側の編み地の裏側に付けて乾かす

6 編み地を裏返し、両端を折りたたんでクリップなどで固定する

本体を縫い合わせる

7 とじ針に編み終わりの糸を通し、2目を一度に拾う

8 反対側から針を通す

9 左端まで繰り返す

10 右端まで巻きかがる

11 反対側も同じように巻きかがる

12 両側を縫い合わせたら、表に返す

動画もチェック！

お花のモチーフバッグ

お花のモチーフがちりばめられた、春らしい
バッグです。お財布やスマートフォンがすっ
ぽり入る使い勝手の良さも魅力。

◆使用糸：コットン・ニィートS
　ホワイト（01）15g　ライムライト（20）15g
　ローズピンク（29）45g
　（おすすめの糸種：コットン、ウール、アクリル）
◆使う道具
　かぎ針5/0号、とじ針
◆完成サイズ目安
　高さ22.5cm　幅20cm　持ち手21cm

【編み方手順】
① 長編み3目の玉編みで2段めまで編む
② 中長・長編み3目編み入れながら3段めを編む
③ 中長・長編み3目編み入れながら4段めを編む
④ モチーフを13枚編む
⑤ モチーフをつなげる
⑥ 持ち手を編む

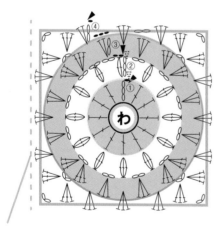
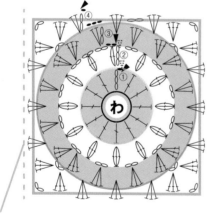

1目ずつ引き抜き編みでとじる

【完成サイズ】

1.5cm　21cm

22.5cm

20cm

◯ くさり編み
┃ 長編み
◀ 糸をカットする
⠂⠂⠂ 糸をつける
● 引き抜き編み

Ⱶ 長編み2目の玉編み
⬮ 長編み3目の玉編み
Ⱳ 長編み3目編み入れる
Ⱳ 中長編み3目編み入れる
Ⅴ 中長編み2目編み入れる

④ 68目
③ 56目
② 36目
① 12目

❋ 長編み3目の玉編みで2段めまで編む

1　輪を作り、立ち上がりのくさり編み3目＋長編み11目で1段編む。11目めの未完成の長編みで、糸替えをする

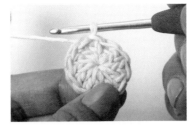

2　引き抜き編みをする

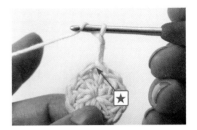

3　くさり編み3目で立ち上がり、糸をかけてくさり編み3目と同じ根元［★］に針を入れる

4　未完成の長編みを編む

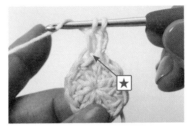

5　2つのループを残した状態で糸をかけ、3と同じ目［★］に針を入れる

6　糸をかけて5で入れた目を引き抜く（ループは4つ）

7　糸をかけて2つのループを一度に引き抜く（ループは3つ）

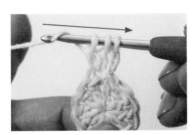

8　糸をかけて3つのループを一度に引き抜く

9　長編み2目一度ができた

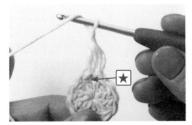

10　くさり編み2目を編んで糸をかけ、次の目［★］に針を入れる

11　糸をかけて未完成の長編みを編む

12　2つのループを残した状態で糸をかけ、10と同じ目に針を入れる

13 糸をかけて⑩で入れた目を引き抜く（ループは4つ）

14 糸をかけて2つのループを一度に引き抜く（ループは3つ）

15 糸をかけて⑩と同じ目に針を入れる

16 糸をかけて⑩で入れた目を引き抜く（ループは5つ）

17 糸をかけて2つのループを一度に引き抜く（ループは4つ）

18 糸をかけて4つのループを一度に引き抜く

19 長編み3目一度ができた

✳ 中長・長編み3目編み入れながら3段めを編む

20 長編み3目一度で2段めを編んだら糸替えをする

21 引き抜き編みをする

22 次の目に針を入れる

23 引き抜き編みをする

24 くさり編み2目で立ち上がる

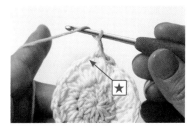

25 糸をかけて、次の目［★］に針を入れる

26 中長編みを編む。25と同じ目にもう一度中長編みを編む

27 中長編み2目編み入れた

28 糸をかけ、2段めのくさり編み2目の下［★］に針を入れる

29 長編み3目編み入れる

30 くさり編みを2目編む

31 28と同じ場所に長編みを3目編み入れる

32 次の2段めのくさり編み2目の下に、中長編み3目編み入れる

33 次のくさり編み2目の下にも、中長編み3目編み入れる

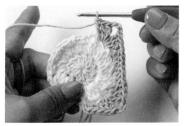

34 次のくさり編み2目の下には長編み3目＋くさり編み2目＋長編み3目編み入れる

35 これを繰り返して3段めを編む

36 引き抜き編みをする

中長・長編み3目編み入れながら4段めを編む

37 2目も引き抜き編みをして、前段の中長編み3目と長編み3目の間まで移動する

38 くさり編み2目で立ち上がる

39 3段めで編み入れた中長編み3目と、長編み3目の間に針を入れる。中長編みを2目編み入れる

40 3段めのくさり編み2目の下に長編み3目編み入れ、くさり編みを2目編む。同じ場所に長編み3目編み入れる

41 3段めの長編み3目と中長編み3目の間に、中長編み3目を編み入れる

42 4段めが編み終わったら糸を引き抜き、余分な糸をカットする

モチーフを13枚編む

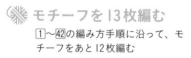

1～42の編み方手順に沿って、モチーフをあと12枚編む

※ モチーフをつなげる

モチーフをつなぐ順番

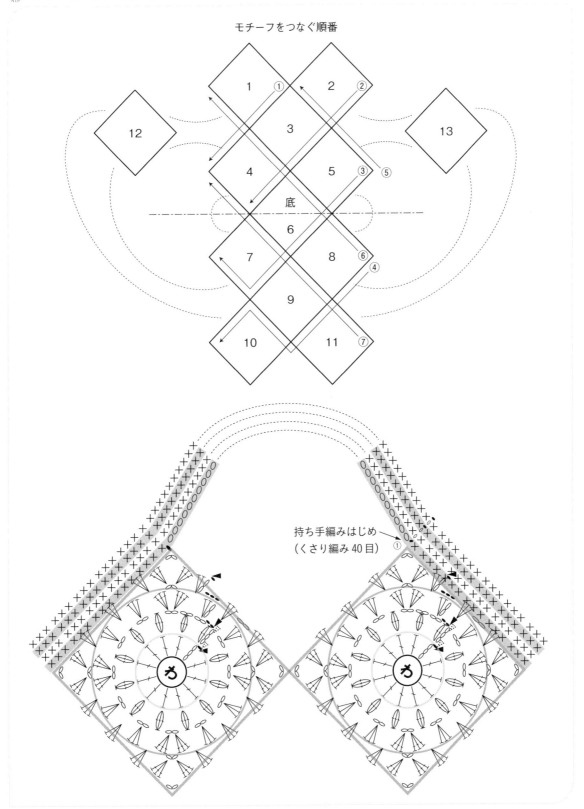

持ち手編みはじめ
（くさり編み40目）①

43 糸を用意し、モチーフの角に針を入れる

44 糸をかける

45 糸を引き抜く

46 モチーフの角と角を合わせて糸をかける

47 引き抜き編みをする

48 次の目の糸1本ずつに針を入れ、糸をかけて一度に引き抜く

49 引き抜き編みを繰り返す

50 一辺がつなぎ終わった

51 つなぎ方の図（p.81）を参考に、すべてのモチーフをつなげる

❈ 持ち手を編む

52 持ち手の糸を用意し、モチーフの角に針を入れる

53 糸をかける

54 くさり編みを40目編む

55 反対側のモチーフの角の目に針を
入れる

56 引き抜き編みをし、そのままモチ
ーフの一辺を細編みする

57 もう片方の持ち手を付けるモチー
フの一辺も続けて細編みする

58 もう片方の持ち手のくさり編みを
40目編む

59 編みはじめまで細編みを編む

60 2段めの細編みを編む

61 4段めまで編み終わった

62 糸を引き抜いて糸始末をする

63 細編み4段の持ち手が付いた

かごバスケット

楕円形の底が少し難しく感じるかもしれませんが、細編みができれば大丈夫。持ち手のえび編みも覚えておくと便利です。

◆使用糸：コットン・ニィート167g
　ライトブラウン（617）、サンドベージュ（702）
　（おすすめの糸種：アクリル、コットン）
◆使う道具
　かぎ針7/0号、とじ針
◆完成サイズ目安
　高さ10cm　幅17.5cm　持ち手30cm

【編み方手順】
① 楕円底を編む
② 往復編みで側面を編む
③ えび編みで持ち手を作る
④ 本体に持ち手を縫い付ける

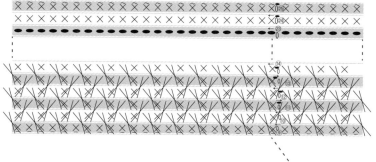

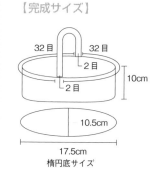

【完成サイズ】

32目　32目
2目
2目
10cm
10.5cm
17.5cm
楕円底サイズ

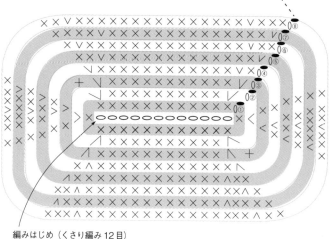

編みはじめ（くさり編み12目）

◯ くさり編み
× 細編み
● 引き抜き編み
V 細編み2目編み入れる
X 細編みのすじ編み
X バック細編み
X 1段下に針を入れて細編み

⑤ 50目（+6）　⑨〜㉕ 68目
④ 44目（+6）　⑧ 68目（+6）
③ 38目（+6）　⑦ 62目（+6）
② 32目（+6）　⑥ 56目（+6）
① 26目

✳ 楕円底を編む

1 糸を2本どりにし、作り目を作る

2 くさり編みを12目編む

3 くさり編み1目で立ち上がり、編み地を裏に返す

4 裏山を取って細編みを1目編む

5 最初の細編みのあたまに目数リングを付ける

6 細編みを12目編んだら、12目めの目数リングを付ける

7 6でリングを入れた場所に細編みをあと2目編む。最後の1目に目数リングを付ける

8 残りの11目を細編みしたら、11目めに目数リングを付ける。同じ場所にもう1目細編みを編む

9 目数リングを付けた最初の細編みのあたまに引き抜き編みをする。1段めが編めた

10 2段めを編みはじめる。くさり編み1目で立ち上がり、細編み2目編み入れる。目数リングを付け替える

11 細編みを10目編む。目数リングと同じ目に細編み2目編み入れ、目数リングを付け替える

12 目数リングを付け替えながら、2段めまで編み終わった

13 底部分を8段編み終わった

14 くさり編み1目で立ち上がり、細編みのすじ編み（向こう半目）を編む

15 細編みのすじ編みが1目できた

16 9段めが編み終わった。10段めからは往復編みをする

往復編みで側面を編む

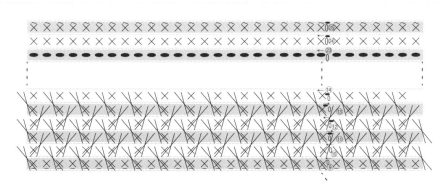

17　くさり編み1目で立ち上がり、10段めの細編みを1目編む

18　1段下の右下に針を入れて糸をかける

19　糸を表に引き出す

20　糸をかけて細編みを編む

21　細編みを編む

22　右下の［★］に針を入れる

23　糸を引き出して細編みする

24　細編み＋1段下の細編みを繰り返して10段めを編む

25　10段めが編み終わったら、同じ段の最初と最後の細編みに目数リングを付ける

26 くさり編み1目で立ち上がる

27 編み地を裏にする

28 右下に針を入れて細編みをする

29 細編み＋1段下の細編みを繰り返して11段めを編む

30 11段め（側面2段め）が編み終わった

31 1段ごとに表裏を交互に返し、往復編みで細編み＋1段下の細編みを繰り返す。22段めまで編み終わった

32 引き抜き編みを一周編む

33 細編みを一周編む

34 細編みを一周編み終わった

35 くさり編み1目で立ち上がり、バック細編み（右に進む）を編む

36 24段めの最後の細編みあたま糸2本に針を入れる

37 糸をかけて細編みを編む

38　次の細編みのあたま糸2本に針を入れ、細編みを編む

39　バック細編みが2目できた。続けて一周編む

40　糸を始末できる程度残してカットする

41　とじ針に糸を通し、糸始末をする

42　内側から数回巻きかがる（バック細編みの最初と最後がきれいに見える）

43　内側で糸始末し、余分な糸をカットする

44 糸端を50cm程度残して作り目を
する

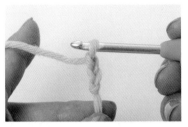

45 くさり編みを2目編む

46 くさり編み1目めの裏山と半目を
拾って針を入れる

47 糸をかけて細編みを編む

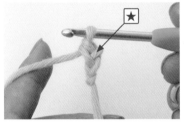

48 右の目糸1本［★］に上から針を
入れる。編み地を左に倒す

49 糸をかけて細編みを編む

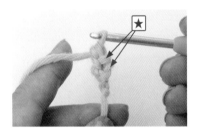

50 右の目糸2本［★］に上から針を
入れる。編み地を左に倒す

51 細編みを編む

52 48〜51を繰り返す

53 作品に必要な長さ（33cm）まで
編む

本体に持ち手を縫い付ける

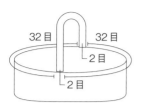

持ち手の付け方
えび編みコード2本どり
（33cm）37段程度

54　33cm程度になるまで編み、糸端を50cm程度残してカットする

55　本体の上から4段め、左右を32目残した位置に目数リングを付ける

56　とじ針に糸を通し、持ち手の端と本体に針を通す

57　糸を引いたら1段上にも針を通す

58　上端まで巻きかがる

59　反対側の下まで巻きかがる

60　縫い終わりまで巻きかがる

61　反対側も同じように縫い付ける

62　糸始末をする

63　余分な糸をカットする

UVコットン糸で編む
春夏のストール

ピコット編みのフチ飾りが女性らしいショールです。春の肌寒い日や夏の冷房対策に便利。さらっとした肌触りも魅力です。

◆使用糸：シルコUV　183g
ターコイズブルー（04）
（おすすめの糸種：UVカット付きコットン）

◆使う道具
かぎ針5/0号、とじ針

◆完成サイズ目安
高さ150cm　幅23cm

【編み方手順】
❶ 往復編みで模様編みを編む
❷ 編み終わりをフチ編み編む
❸ 編みはじめからフチ編みを編む

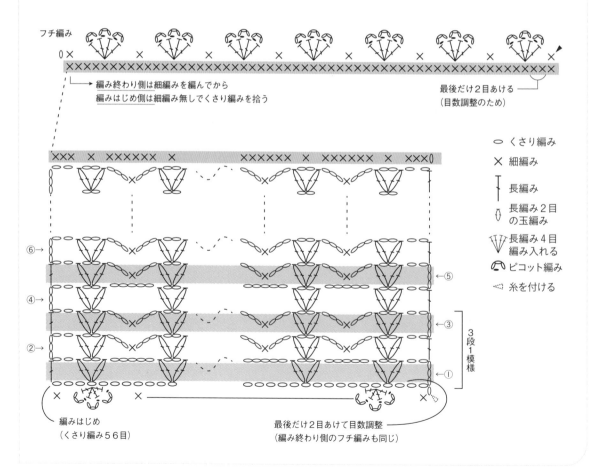

フチ編み

編み終わり側は細編みを編んでから
編みはじめ側は細編み無しでくさり編みを拾う

最後だけ2目あける
（目数調整のため）

⑥→
④→
②→

←⑤
←③
←①

3段1模様

○　くさり編み
×　細編み
｜　長編み
◊　長編み2目の玉編み
長編み4目編み入れる
ピコット編み
糸を付ける

編みはじめ
（くさり編み56目）

最後だけ2目あけて目数調整
（編み終わり側のフチ編みも同じ）

✳ 往復編みで模様編みを編む

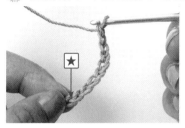

1　くさり編み56目で作り目をする。くさり編みを5目編んで編み地を裏に返す

2　くさり編み8目戻った目（①[★]）に針を入れ、糸をかけて未完成の長編みを編む

3　ループを2目残した状態で糸をかける。②で針を入れた目にもう一度針を入れる

4　糸をかけて③で入れた目を引き抜く（ループは4つ）

5　糸をかけて2つのループを一度に引き抜く（ループは3つ）

6　糸をかけて3つのループを一度に引き抜く

7　長編み2目の玉編みができた。くさり編みを2目編み、③で入れた目にもう一度針を入れる

8　糸をかけて長編み2目一度を編む

9　2つ目の長編み2目の玉編みができた

10　くさり編みを5目編む。6目飛ばしながら長編み2目の玉編みを繰り返す

11　最後の長編み2目の玉編みが編み終わった

12　くさり編みを2目編み、作り目1目めに針を入れて長編みを編む

13 1段めが編み終わった

14 くさり編みを5目編んで、編み地を裏に返す。1段めの長編み2目一度の間［★］に針を入れる

15 長編み2目の玉編み＋くさり編み2目＋長編み2目一度を編む

16 くさり編みを3目編む。1段めのくさり編み5目の中心の目［★］に針を入れる

17 細編みを1目編む

18 くさり編みを3目編み、1段めの長編み2目一度の間［★］に針を入れる

19 16〜18 を繰り返す

20 立ち上がりのくさり編み3目め［★］に針を入れ、長編みをする

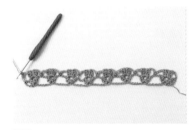

21 2段めが編み終わった。くさり編み5目で立ち上がって編み地を裏に返し、2段めと同じように3段めを編む

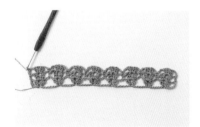

22 3段めが編み終わった。くさり編みを5目編んで編み地を裏に返し、1段めと同じように4段めを編む

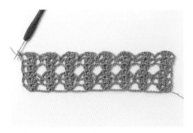

23 6段めが編み終わった

✳ 編み終わりからフチ編みを編む

24　好みの長さまで模様編みを編んだ

25　くさり編み1目で立ち上がり、編み図を参照して細編みを編む

26　細編みが終わったらピコット編みでフチを編む

27　くさり編み1目で立ち上がる

28　細編みを1目編む

29　3目飛ばして長編みを編む

30　くさり編みを3目編む

31　くさり編み1目め［★］に針を入れる

32　糸をかけて引き抜き編みをする

33　ピコット編みが1目できた。29と同じ目に長編みを編み入れ、ピコット編みを編む

34　ピコット編みが2目できた。33と同じ目に長編みを編み入れ、ピコット編みを編む

35　ピコット編みが3目できた。34と同じ目に長編みを編み入れる

36 3目飛ばして細編みを編む

37 フチ飾りができた。29〜36を繰り返す

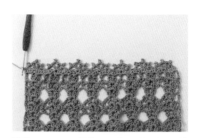

38 7つめの最後の長編みまで編み終わったら、2目飛ばして細編みを編む

✳ 編みはじめからフチ編みを編む

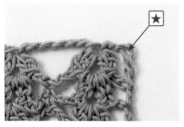

39 別糸を用意し、編みはじめの1目め［★］に針を入れる

40 くさり編みを1目編む

41 28〜38と同様に長編み4目のピコット編みでフチ編みを編む

動画もチェック！

Chapter 4

夏の編み物

ビーチに持っていきたいハットやバッグ、バッグに忍ばせるタオルやペットボトルカバーなどをご紹介。糸を替えれば真夏に大活躍のアイテムも作れるので、ぜひチャレンジしてください。

サマーハット

難しいテクニックなしで編める、大きめの
つばが夏らしいハット。立ち上がりを作ら
ないので、目数リングを用意して編んでい
きましょう。

◆使用糸：ラフィア200g　ココナッツ（72）
　（おすすめの糸種：夏糸）
◆使う道具
　かぎ針7/0号、とじ針
◆完成サイズ目安
　高さ15cm　頭まわり58cm

【編み方手順】
❶ トップを編む
❷ 側面を編む
❸ ブリムを編む

トップ

【完成サイズ】

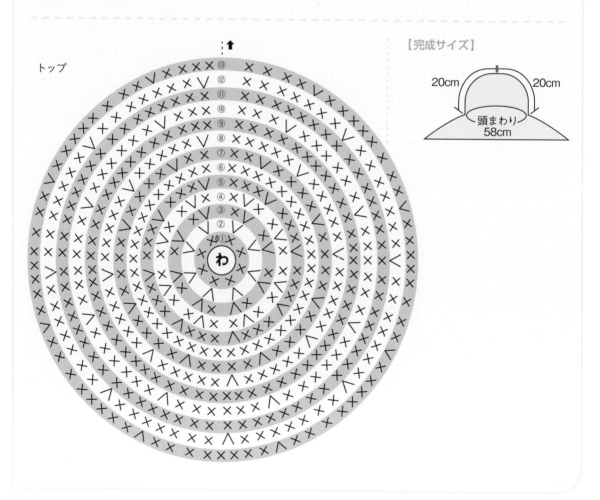

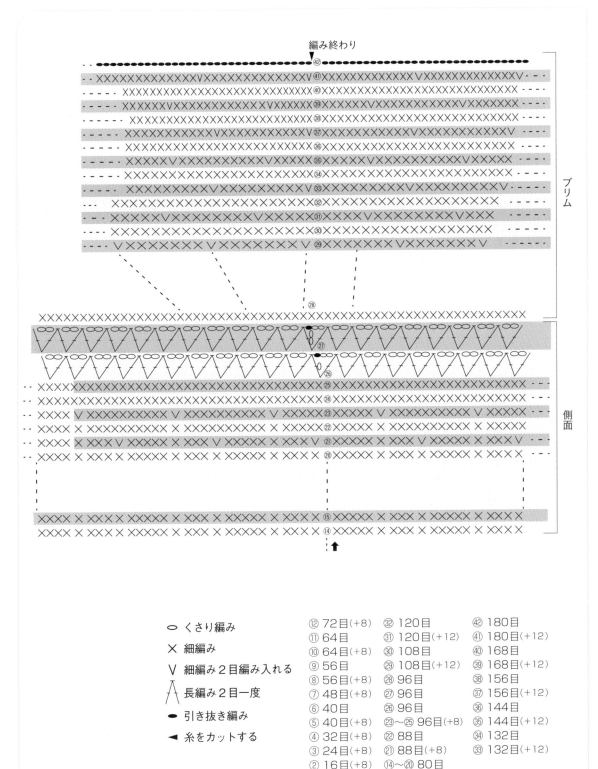

編み終わり

ブリム

側面

○　くさり編み
×　細編み
∨　細編み2目編み入れる
人　長編み2目一度
●　引き抜き編み
◀　糸をカットする

⑫ 72目(+8)	㉜ 120目	㊷ 180目
⑪ 64目	㉛ 120目(+12)	㊶ 180目(+12)
⑩ 64目(+8)	㉚ 108目	㊵ 168目
⑨ 56目	㉙ 108目(+12)	㊴ 168目(+12)
⑧ 56目(+8)	㉘ 96目	㊳ 156目
⑦ 48目(+8)	㉗ 96目	㊲ 156目(+12)
⑥ 40目	㉖ 96目	㊱ 144目
⑤ 40目(+8)	㉓〜㉕ 96目(+8)	㉟ 144目(+12)
④ 32目(+8)	㉒ 88目	㉞ 132目
③ 24目(+8)	㉑ 88目(+8)	㉝ 132目(+12)
② 16目(+8)	⑭〜⑳ 80目	
① 8目	⑬ 80目	

✳ トップを編む

1 2本どりにし、輪の作り目を8目作る

2 増し目をしながら円編みで13段編む

✳ 側面を編む

3 細編みで7段（計20段）編む

4 細編み2目編み入れながら（21、23段めで増し目）5段編む

5 長編み2目一度とくさり編み2目で2段（計27段）編む

6 細編みで1段（計28段）編む

✳ ブリムを編む

7 細編み2目編み入れながら（1段おきに増し目）13段（計41段）編む

8 引き抜き編みで1段編む

動画もチェック！

サマーバッグ

サマーハットとおそろいで作りたい、夏糸のバッグです。タオルやペットボトルなどがたっぷり入るサイズと長めの持ち手がとっても便利。

◆使用糸：ラフィア248g　ココナッツ（72）
　（おすすめの糸種：夏糸）
◆使う道具
　かぎ針8/0号、とじ針
◆完成サイズ目安
　底30×13cm　高さ23cm　持ち手70cm

【編み方手順】
❶ 底部分を編む
❷ 側面を編む
❸ えび編みで持ち手を作る
❹ 本体に持ち手を縫い付ける

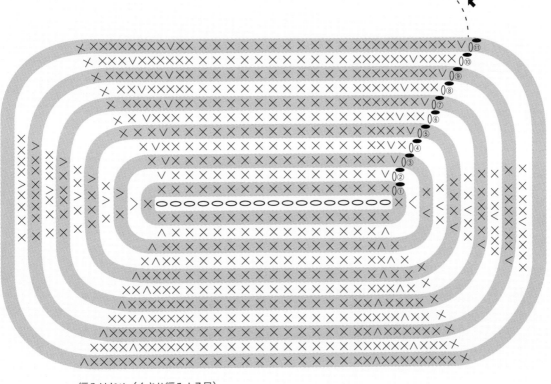

編みはじめ（くさり編み17目）

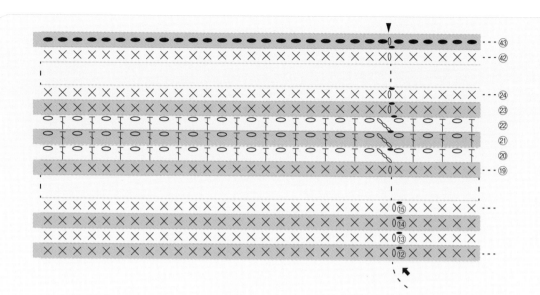

○	くさり編み	V	細編み2目編み入れる	④ 54目	⑧ 78目	⑫〜⑬ 96目
×	細編み	┬	長編み	③ 48目	⑦ 72目	⑪ 96目
●	引き抜き編み	◀	糸をカットする	② 42目	⑥ 66目	⑩ 90目
				① 36目	⑤ 60目	⑨ 84目

底部分を編む

1 2本どりにし、くさり編みを17目編む

2 増し目をしながら楕円底を11段編む

側面を編む

3 細編みで8段（計19段）編む

4 長編み1目とくさり編み1目で3段（計22段）編む

5 細編みを20段（計42段）編む

6 引き抜き編みで1段（計43段）編む

7 編み図通りに本体を編み終わった

えび編みで持ち手を作る　※糸を変えています

8 糸端を50cm程度残して作り目を作る

9 くさり編みを2目編む

10 くさり編み1目めの裏山と半目に針を入れる

11 糸をかけて細編みをする

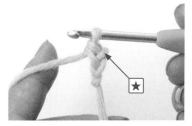

12 右の目糸1本［★］に上から針を入れる。編み地を左に倒す

13 糸をかけて細編みする

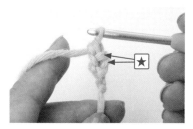

14 右の目糸2本［★］に上から針を入れる。編み地を左に倒す

15 細編みをする

16 12〜15を繰り返す

17 作品に必要な長さまで編む。同じものをもう1本作る

本体に持ち手を縫い付ける

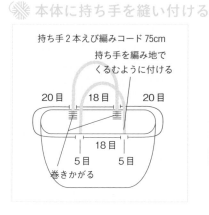

持ち手2本えび編みコード75cm
持ち手を編み地でくるむように付ける

20目　18目　20目

18目

5目　5目

巻きかがる

18 本体の上から10段め、左右を20目残した位置に目数リングを付ける

19 とじ針に糸を通し、持ち手の端と本体に針を通す

20 糸を引いたら1段上にも針を通す

21 上端まで巻きかがる

22 反対側の下まで巻きかがる

23 持ち手を編みくるむように巻きかがる

24 反対側も同じように縫い付ける

25 糸始末をする

動画もチェック！

ペットボトルカバー

ペットボトルがすっぽり入る、持ち歩きに便利な2色のカバーです。コットン糸なので洗濯も可能。夏らしい色を選んで、日常のアイテムとして活用してください。

◆使用糸：コットン・ニィート（S）
Aアイボリー（02）5g
Bパウダーブルー（10）42g　ライムライト（20）42g
（おすすめの糸種：コットン）

◆使う道具
かぎ針5/0号、とじ針、紐（25cm）×2本

◆完成サイズ目安
直径（底）6cm　高さ20.5cm

【編み方手順】
❶ 底部分を編んで糸替えをする
❷ 側面を編む
❸ 紐を通す

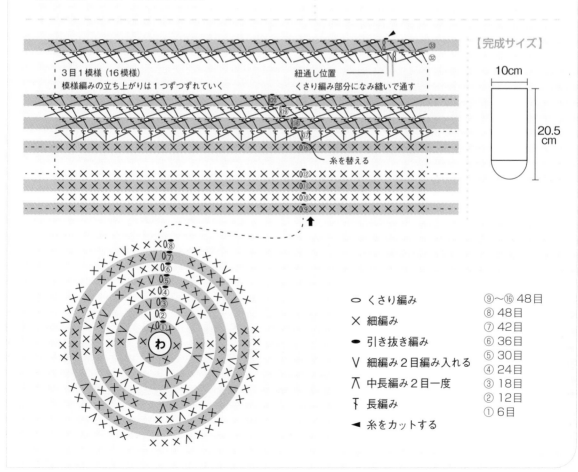

3目1模様（16模様）
模様編みの立ち上がりは1つずつずれていく

紐通し位置　―――
くさり編み部分になみ縫いで通す

糸を替える

【完成サイズ】
10cm
20.5cm

⌒ くさり編み
× 細編み
● 引き抜き編み
Ⅴ 細編み2目編み入れる
Ⓧ 中長編み2目一度
Ｔ 長編み
◀ 糸をカットする

⑨～⑯ 48目
⑧ 48目
⑦ 42目
⑥ 36目
⑤ 30目
④ 24目
③ 18目
② 12目
① 6目

✳ 底部分を編んで糸替えをする

[1] A糸で輪の作り目を6目作り、円を8段編む。増し目無しで8段（計16段）編む。最後の未完成の細編みでB糸をかける

[2] 細編みをして引き抜き編みをする

✳ 側面を編む

[3] くさり編み2目で立ち上がる

[4] 糸をかけて［★］に針を入れる

[5] 糸をかけて4で入れた目を引き抜く（ループは3つ）

[6] 糸をかけて2目飛ばして［★］針を入れる

[7] 糸をかけて6で入れた目を引き抜く（ループは5つ）

[8] 糸をかけて5つのループを一度に引き抜く

[9] 中長編み2目一度が1目できた

[10] くさり編みを1目編む

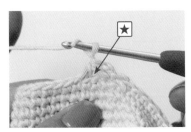

[11] 糸をかけて、2目飛ばした隙間［★］に裏側から針を入れる

12 2目飛ばした1目め［★］に針を入れる

13 長編みをする

14 2目飛ばした1目めの長編みができた。糸をかけて11と同じ隙間に裏側から針を入れる

15 2目飛ばした2目めに針を入れて長編みを編む

16 糸をかけ、6で入れた目［★］に針を入れる

17 中長編み2目一度の未完成の目を編む（ループは3つ）

18 糸をかけ、2目飛ばして中長編み2目一度を編む

19 くさり編みを1目編む。糸をかけ、2目飛ばした隙間［★］に裏側から針を入れる

20 1目めと2目めに長編みを編む

21 16〜20を繰り返しながら1段編む

22 4と同じ目に針を入れる

23 7〜9と同様に中長編み2目一度を編む。くさり編みを1目編み、飛ばした2目に長編みを編む

24 引き抜き編みをして1段め（計17段）を編み終える。糸をかけ、11〜20を繰り返して2段め（計18段）を編む

25 2段め（計18段）を編みはじめる。立ち上がりをずらしながら残りの16段（計33段）を編んでいく

紐を通す

26 とじ針に糸を通す

27 33段め（最後の段）と32段めの間のくさり編みを拾いながら、なみ縫いをする

28 紐を一周通し終わった

タオル

模様編みのコットンタオルです。取っ手付きなので、洗面所やキッチンなどさまざまなところで活躍してくれます。もちろん持ち歩き用にも◎

◆使用糸：プレリ-オーガニックコットン- 85g
パールホワイト（01） アイボリー（03）
（おすすめの糸種：コットン）

◆使う道具
かぎ針7/0号、とじ針、ボタン

◆完成サイズ目安
高さ35cm 幅24cm

【編み方手順】
❶ 模様編みをする
❷ 取っ手を編む
❸ ボタンホールを作る

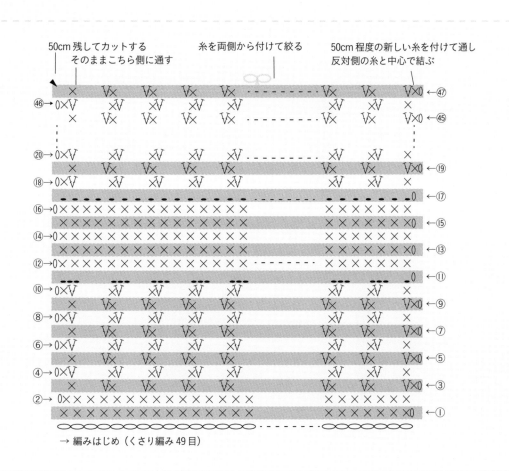

→ 編みはじめ（くさり編み49目）

109

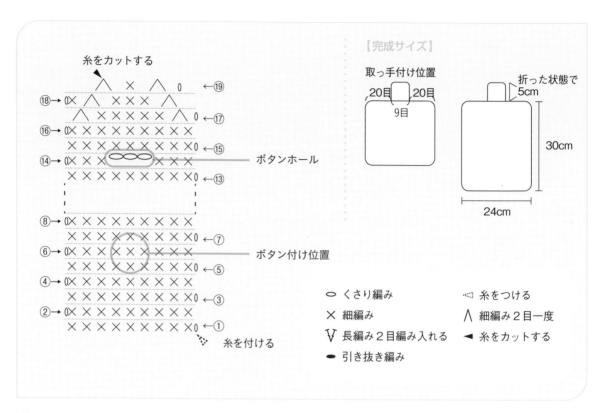

糸をカットする

⑱ ← ⑲

← ⑰

← ⑮

ボタンホール

← ⑬

⑧ →

← ⑦

⑥ →

ボタン付け位置

← ⑤

④ →

← ③

② →

← ①

糸を付ける

【完成サイズ】

取っ手付け位置
20目　20目
9目

折った状態で
5cm

30cm

24cm

◯　くさり編み
✕　細編み
Ⅴ　長編み2目編み入れる
●　引き抜き編み

⌒　糸をつける
∧　細編み2目一度
◀　糸をカットする

❋ 模様編みをする　※糸を変えています

1 糸を2本どりにして、作り目を49目作る

2 くさり編み1目で立ち上がり、細編みを2段編む

3 くさり編み1目で立ち上がり、細編みを1目編む。1目め［★］に長編みを1目編む

4 ③と同じ目に針を入れ、長編みを1目編む（長編み2目編み入れる）

5 2目飛ばして細編みを編む

6 ⑤と同じ目に長編み2目編み入れる

7 ⑤〜⑥を繰り返して1段編む

8 くさり編み1目で立ち上がる。細編みを1目編み、前段の細編みに針を入れて長編み2目編み入れる

9 模様編みの2段めが編めた（段の最後は細編みのみ）

10 3段め以降もくさり編み1目で立ち上がり、細編み1目＋長編み2目編み入れるを繰り返す

11 模様編みを8段編んだら引き抜き編みを1段編む

12 細編みを5段編む

13 引き抜き編みを1段編む

14 模様編みを30段編んだら、糸を50cm程度残してカットする

15 とじ針に糸を通し、中心に向けて20目なみ縫いする

16 50cmにカットした別糸を用意し、反対側から中心に向けて20目なみ縫いする（端は糸始末する）

✷ 取っ手を編む

17 左右から20目内側に目数リングを付ける

18 別糸を用意し、くさり編み1目で立ち上がる

19 細編みを9目編む

20 13段めまで編む

❋ ボタンホールを作る ※糸を変えています

21 14段めの細編みを3目編む

22 くさり編みを3目編む

23 前段（13段）の細編みを3目飛ばし、細編みを編む

24 15段めは23でできた隙間に3目編み入れる

25 減らし目をしながら19段めまで編み、糸を引き抜いてカットする

26 6段目の中心にボタンを付ける

27 取っ手を折ってボタンを留める

Chapter 5

秋の編み物

冬までに編みたいブランケットやポン
チョ、アラン模様のバッグ、そして編
みぐるみ。いよいよニットの出番です。
秋の夜長を楽しんでください。

貝殻模様のブランケット

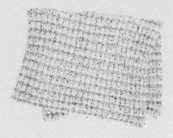

ぷっくりと浮き出る貝殻模様がかわいい、ふわふわブランケット。幅は6の倍数＋1目であれば、どんなサイズにもアレンジできます。

◆使用糸：フランボワーズ -W- 390g
ピンクレッド（104）
（おすすめの糸種：ウール）
◆使う道具
かぎ針6/0号、とじ針
◆完成サイズ目安
高さ50cm 幅80cm

【編み方手順】
❶ 2目おきに長編みを7目編み入れる
❷ 2段め以降を長編み7目のすじ編みで編む

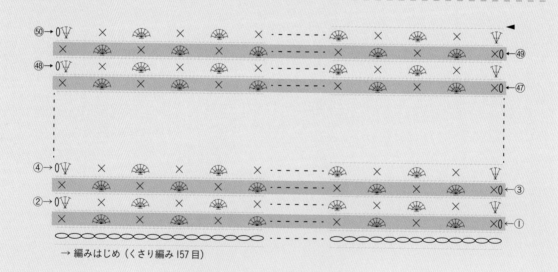

→ 編みはじめ（くさり編み 157目）

【完成サイズ】

	50cm

80cm

○ くさり編み
× 細編み
長編み7目編み入れる
長編み3目のすじ編み
長編み7目のすじ編み
◀ 糸をカットする

✳ 2目おきに長編みを7目編み入れる

1 作り目を157目作り、くさり編み1目で立ち上がり、細編みを編む

2 2目飛ばして長編みを編む

3 ②と同じ目に長編みを6目編み入れる

4 長編みを7目編み入れたら、2目飛ばして細編みを編む

5 2目飛ばして長編みを7目編み入れる

6 1段めが編み終わった

✳ 2段め以降を長編み7目のすじ編みで編む

7 くさり編み1目で立ち上がり、編み地を裏に返す。1段めの細編み（向こう半目）に長編み3目のすじ編みを編み入れる

8 1段めの長編み7目の中心（4目め）に細編みを編む

9 1段めの細編み（向こう半目）に長編み7目のすじ編みを編み入れる

10 2段めの長編み3目のすじ編み＋細編み1目＋長編み7目のすじ編みができた

11 2段めの最後は長編み3目のすじ編み。くさり編み1目で立ち上がり、⑦〜⑩を繰り返して3段め以降を編む

12 好みの高さまで編み、糸を引き抜いて糸始末をする

動画もチェック！

ポンチョ

たっぷりとしたタートルネックがポイントのポンチョ。前・後ろ身頃ともに同じ模様編みなので、覚えてしまえばかんたんに編めます。

◆使用糸：ニーム（M）　340g
　ソフトベージュ（16）
　（おすすめの糸種：ウール）
◆使う道具
　かぎ針7/0号、とじ針
◆完成サイズ目安
　高さ90cm　幅65cm

【編み方手順】
❶ 前・後の身頃を模様編みする
❷ 首部分をうね編みする
❸ 前後の身頃をつなぐ
❹ 首部分をつなぐ

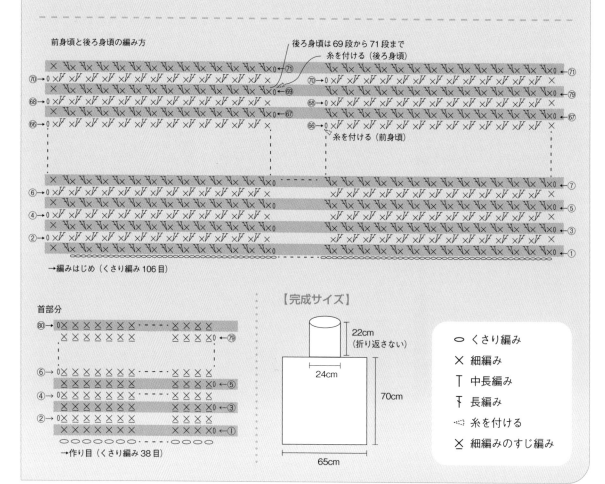

前身頃と後ろ身頃の編み方

後ろ身頃は69段から71段まで糸を付ける（後ろ身頃）

糸を付ける（前身頃）

→編みはじめ（くさり編み106目）

首部分

→作り目（くさり編み38目）

【完成サイズ】

22cm（折り返さない）

24cm

70cm

65cm

○ くさり編み
╳ 細編み
⊤ 中長編み
⊥ 長編み
⸝⸝⸝ 糸を付ける
╳ 細編みのすじ編み

116

前・後の身頃を模様編みする ※糸を変えています

1 作り目を106目作り、くさり編み1目で立ち上がる。1目めに細編み1目編む

2 1と同じ目に中長編みを編み入れる

3 2と同じ目に長編みを編み入れる

4 2目飛ばして細編み1目＋中長編み1目＋長編み1目編み入れる。段の最後は細編みのみ

5 1段めが編み終わった

6 くさり編み1目で立ち上がり、編み地を裏に返す。細編み1目＋中長編み1目＋長編み1目編み入れながら2段めを編む

7 2段めが編み終わった

8 3段め以降もくさり編み1目で立ち上がり、細編み1目＋中長編み1目＋長編み1目編み入れる

9 編み図通りに、前後の身頃を模様編みする

首部分をうね編みする

10 作り目を38目作り、くさり編み1目で立ち上がる。細編みを1段編む

11 2段めから80段めまで、細編みのすじ編み（向こう半目）する

❋ 前後の身頃をつなぐ

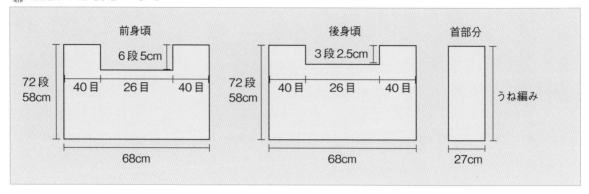

前身頃			後身頃			首部分

前身頃
6段5cm
72段 58cm
40目　26目　40目
68cm

後身頃
3段2.5cm
72段 58cm
40目　26目　40目
68cm

首部分
うね編み
27cm

12　別糸を用意し、前身頃と後ろ身頃を合わせる

13　肩の端に針を入れる

14　引き抜き編みをして糸を付ける

15　糸をかけて引き抜き編みを編んでいく

16　片方がつながった

17　反対側の肩も引き抜き編みをしてつなぐ

❋ 首部分をつなぐ

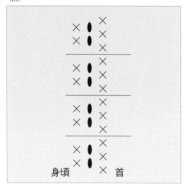

身頃　　首

18　首部分が輪になるように引き抜き編みでつなぐ（糸はカットしない）

19　つなぎ目と後ろ身頃の中心を合わせる

20 身頃の1目めに針を入れる

21 1目につき1目ずつ引き抜き編み
を編んでいく

22 肩部分は目数が合わなくなるので、
身頃2目につき首部分3目で引き
抜く

23 首部分を一周引き抜き、糸をカッ
トして糸始末をする

アラン模様の冬バッグ

アラン模様のしっかりとした編み地が冬らしいバッグ。模様編みを理解するのは少々難しく感じるかもしれませんが、ぜひチャレンジしてください。

◆使用糸：ブリュム
Aヘザーグレー（08）　200g
Bシトラスクリーム（01）　80g
（おすすめの糸種：ウール、アクリル）

◆使う道具
かぎ針7/0号、とじ針

◆完成サイズ目安
高さ22cm　幅40cm　持ち手30cm

【編み方手順】
❶ 長方形の底部分を編む
❷ 模様編みで側面を編む
❸ 糸を替えて持ち手を編む

長方形底

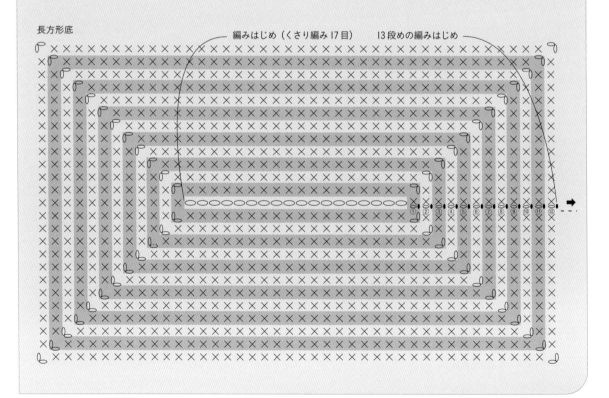

編みはじめ（くさり編み17目）　　13段めの編みはじめ

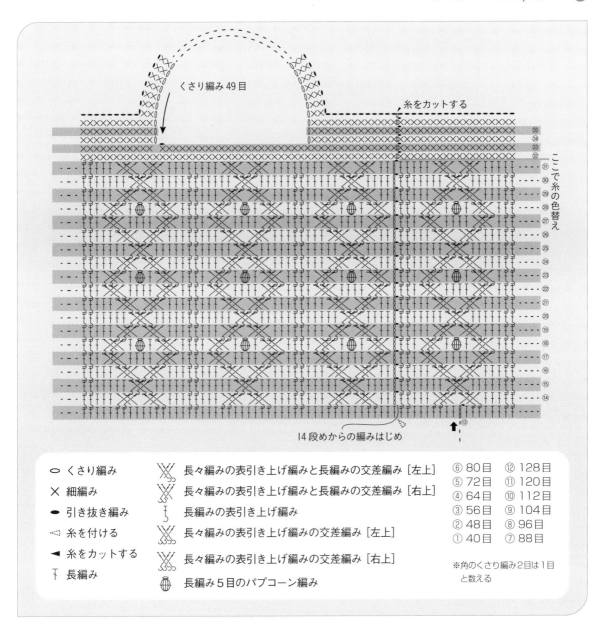

くさり編み 49目

糸をカットする

ここで糸の色替え

14 段めからの編みはじめ

◯	くさり編み	✕✕	長々編みの表引き上げ編みと長編みの交差編み［左上］	⑥	80目	⑫	128目
✕	細編み	✕✕	長々編みの表引き上げ編みと長編みの交差編み［右上］	⑤	72目	⑪	120目
●	引き抜き編み	╀	長編みの表引き上げ編み	④	64目	⑩	112目
⌁	糸を付ける	✕✕	長々編みの表引き上げ編みの交差編み［左上］	③	56目	⑨	104目
◀	糸をカットする	✕✕	長々編みの表引き上げ編みの交差編み［右上］	②	48目	⑧	96目
╀	長編み	⬭	長編み5目のパプコーン編み	①	40目	⑦	88目

※角のくさり編み2目は1目
　と数える

長方形の底部分を編む

1　Aの糸で作り目を17目作る

2　角で増やし目をしながら長方形を12段編む

3　くさり編み3目で立ち上がり、長編みを1段編む。余分な糸をカットし、糸始末をする

模様編みで側面を編む

4　編みはじめをずらして糸を付け、（編み図参照）、くさり編み3目で立ち上がる

5　長編みを2目編む。2目飛ばして長編みを2目編む

6 糸を2回かけ、飛ばした目の1目めの足［★］を針ですくう

7 針を引き上げてループの高さをそろえる（ループは4つ）

8 糸をかけてループ2つを引き抜く（ループは3つ）

9 糸をかけてループ2つを引き抜く（ループは2つ）

10 糸をかけて2つのループを一度に引き抜く（長々編みの表引き上げ編み）

11 糸を2回かけ、⑤で飛ばした目の2目めの足［★］を針ですくう。長々編みの表引き上げ編みを編む

12 長々編みの表引き上げ編みが2目できた。糸を2回かけ、2目飛ばして目の足［★］を針ですくう

13 長々編みの表引き上げ編みを編む

14 糸を2回かけ、次の目の足［★］をすくい、長々編みの表引き上げ編みを編む

15 糸をかけ、⑬で飛ばした1目め［★］に後ろから針を入れる

16 長編みを編む

17 長編みが1目できた。⑬で飛ばした目の2目めに後ろから針を入れ、長編みを編む

18 長編みが2目できた。長編みを3目編む

19 糸をかけ、1段め（13段め）の目の足を針ですくい、長編みの表引き上げ編みを2目編む

20 長編みの表引き上げ編みが2目できた。長編みを3目編み、⑥～⑲を繰り返して2段め（14段め）を編む

21 飛ばした目は、前から針を入れながら編み図通りに3段め（15段め）を編む。5段め（17段め）まで編む

22 6段めをくさり編み3目で立ち上がる。長編みの表引き上げ編み2目＋長々編みの表引き上げ編み2目＋長編み1目が編み終わった

23 次の目と目の間に長編みを5目編み入れる

24 針を外して㉓の長編み1目めに針を入れる

25 針を外したループを引き抜く

26 長編み5目のパプコーン編みができた

27 編み図通りに模様編みをする。18段めが編み終わった

糸を替えて持ち手を編む

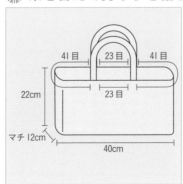

41目　　23目　　41目

23目

22cm

マチ12cm

40cm

28 計31段めまで模様編みを編んだらBの糸に替える

29 細編みを2段編む（計33段）

30 細編みを13目編み、くさり編みを49目編む。細編みで2段編み、引き抜き編みをする

羊の編みぐるみ

細編みだけで作れる、小さいキュートな編みぐるみ。目の大きさや口の角度をアレンジするなど、複数作って楽しんでください。

◆使用糸：
毛糸ピエロ　ホイップスNEW　25g
ペールグレー（45）　アイボリー（31）　スイートピンク（32）
毛糸ピエロ　プレリ-オーガニックコットン-　29g
パールホワイト（01）　アイボリー（03）
（おすすめの糸種：コットン、アクリル）

◆使う道具
かぎ針5/0号、とじ針、綿、さし目（7mm）、
まち針、刺繍糸、ボンド

◆完成サイズ目安
高さ17cm

【編み方手順】
❶ 耳を作る
❷ 編み図通りにパーツを作る
❸ ボディを組み立てる
❹ 毛を編みこむ
❺ 耳を縫い付ける

羊の毛

順番に直接編みつけていく

手 ×2

糸を50cm程残してカットする

足 ×2

糸を50cm程残してカットする

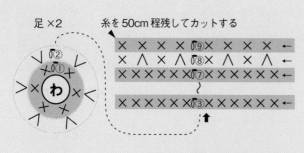

耳 ×2

糸をカットせずそのまま重ねて
引き抜き編みで編みあげる

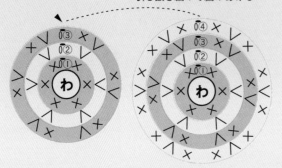

手	耳（内側）	耳（外側）
①〜⑧ 8目	③ 18目	④ 24目
	② 12目	③ 18目
足	① 6目	② 12目
⑨ 8目		① 6目
⑧ 8目		
②〜⑦ 12目		
① 6目		

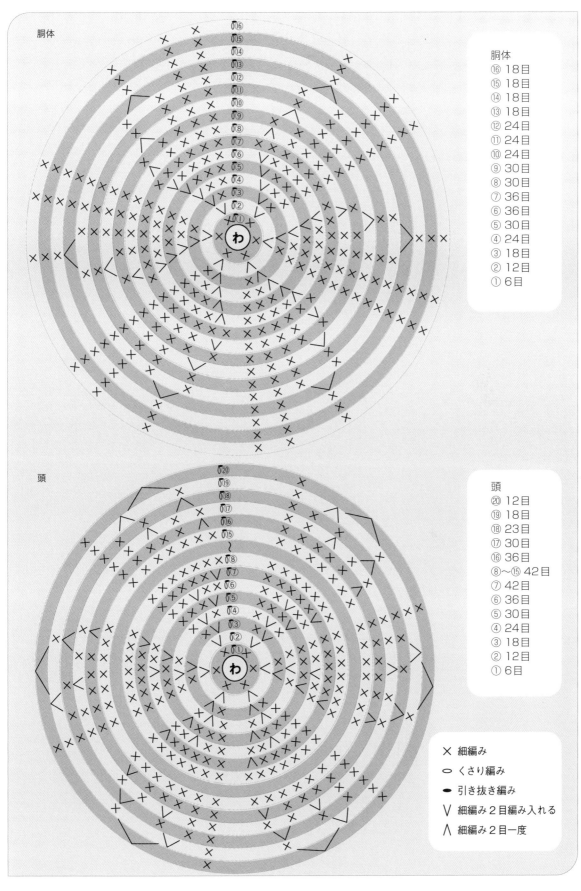

胴体

胴体
⑯ 18目
⑮ 18目
⑭ 18目
⑬ 18目
⑫ 24目
⑪ 24目
⑩ 24目
⑨ 30目
⑧ 30目
⑦ 36目
⑥ 36目
⑤ 30目
④ 24目
③ 18目
② 12目
① 6目

頭

頭
⑳ 12目
⑲ 18目
⑱ 23目
⑰ 30目
⑯ 36目
⑧〜⑮ 42目
⑦ 42目
⑥ 36目
⑤ 30目
④ 24目
③ 18目
② 12目
① 6目

✕ 細編み
〇 くさり編み
● 引き抜き編み
∨ 細編み2目編み入れる
∧ 細編み2目一度

125

✳ 耳を作る

1 白の糸で円形編みを3段編む。グレーの糸で円形編みを4段編む（糸はカットしない）

2 白の円形を重ね、引き抜き編みで編み付ける

3 50cm程度糸を残してカットし、引き抜く

✳ 編み図通りにパーツを作る

4 細編みの円形編みで、頭、胴体、手足を作る（頭は糸始末する）。すべてのパーツの糸は50cm程度残してカットする

5 頭に綿を詰め、糸をとじ針に通す。1目ずつ拾って糸を絞る

6 編み終わりをふさぐ

7 糸始末をする。胴体と手足も同様に綿を詰めてふさぐ

✳ ボディを組み立てる

8 胴体と頭をつなぐ

9 頭と胴体の1目ずつをすくいながら一周する

10 頭と胴体がつながった

11 足の編み終わりの糸にとじ針を通し、胴体とつなぐ

12 足がつながった

13 手をつなぎ、糸始末をする

14 耳以外のパーツがつながった

✺ 毛を編みこむ

15 グレーの糸を頭頂部に通す

16 くさり編みを３目編む

17 円形編み１段めの１目めに針を入れ、引き抜き編みをする

18 くさり編みを３目編む

19 １段めの隣の目に針を入れ、引き抜き編みをする

20 円編みの１段め〜11段めまで、くさり３目＋引き抜き編みを繰り返す

21 円編みで11段目まで編み付ける

22 11段目まで円編みで編み付けた

23 残りの9段は顔の部分をあけて、往復編みで編み付ける

🧶 耳を縫い付ける

24 耳を半分に折り、残しておいた糸を通したとじ針を入れる

25 反対側から針を通す

26 耳をまち針で固定する

27 耳を縫い付ける

28 反対側からも縫い付ける

29 両耳を付け、刺繍糸で口を縫い付け、目はボンドで付ける

Chapter 6

冬の編み物

大人気のゆるニット帽やスヌード、ル
ームシューズなど、冬に欠かせないア
イテムが満載。冬本番、お気に入りの
ニットアイテムを編んでください。

バケットハット

細編みができれば完成する、つばが広めの
冬用ハット。立ち上がり無しで編むので、
目数リングは必ず用意してください。

◆使用糸：ホイップスNEW　94g
アイボリー（31）
（おすすめの糸種：ウール、アクリル）
◆使う道具
かぎ針7/0号、とじ針
◆完成サイズ目安
高さ15cm　頭まわり55cm

【編み方手順】
❶ 円編みで頭頂部を編む
❷ ブリムを編む

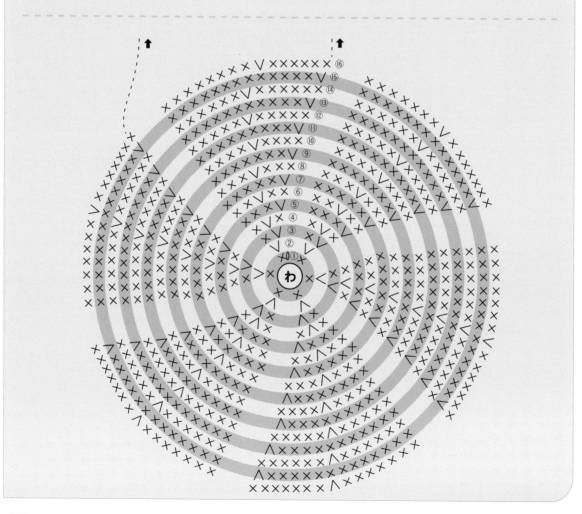

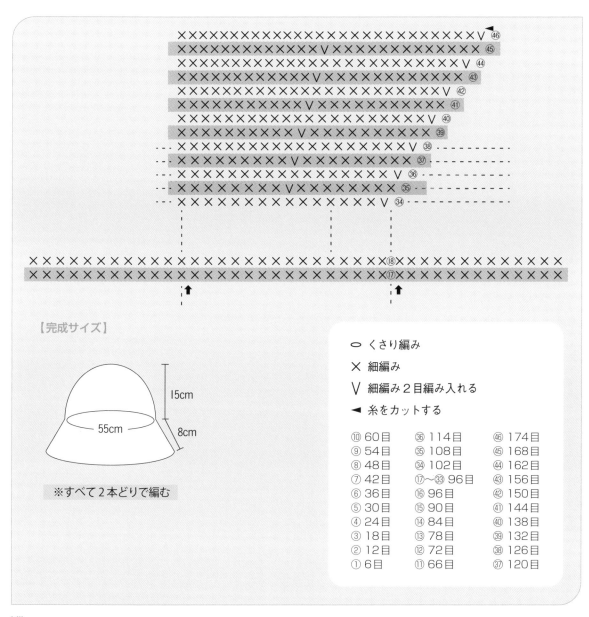

【凡例】

○　くさり編み

×　細編み

∨　細編み2目編み入れる

◀　糸をカットする

⑩ 60目	㊱ 114目	㊻ 174目
⑨ 54目	㉟ 108目	㊺ 168目
⑧ 48目	㉞ 102目	㊹ 162目
⑦ 42目	⑰〜㉝ 96目	㊸ 156目
⑥ 36目	⑯ 96目	㊷ 150目
⑤ 30目	⑮ 90目	㊶ 144目
④ 24目	⑭ 84目	㊵ 138目
③ 18目	⑬ 78目	㊴ 132目
② 12目	⑫ 72目	㊳ 126目
① 6目	⑪ 66目	㊲ 120目

【完成サイズ】

15cm

55cm

8cm

※すべて2本どりで編む

❊ 円編みで頭頂部を編む

1　糸を2本どりにして、円編みで増し目をしながら16段編む

2　17〜33段を増し目無しで編む

❊ ブリムを編む

3　各段6目増えるように増し目をしながら34〜46段めを編む

動画もチェック！

バスケット編みのニット帽

人気のニット帽です。頭まわりのサイズは
往復編みの段数で調整可能。4の倍数で自
由にアレンジして楽しんでください。

◆使用糸：ソフトメリノ極太　193g
　アイボリー（1）　ライトグレー（15）
　（おすすめの糸種：ウール、アクリル）
◆使う道具
　かぎ針7/0号、とじ針、ポンポン
◆完成サイズ目安
　高さ23cm　直径20cm（頭まわり56〜58cm）

【編み方手順】
❶ リブ部分を編む
❷ 輪の状態から模様編みを編む
❸ 頭頂部を絞る

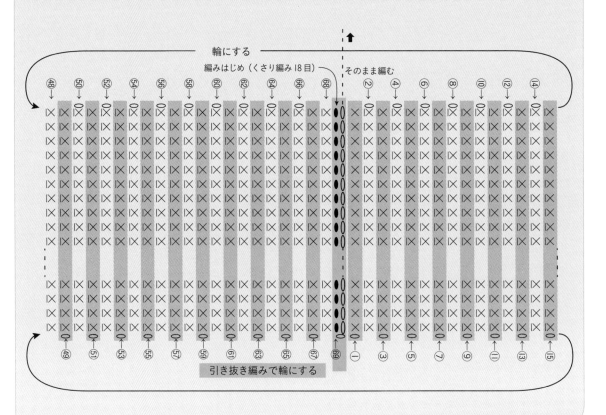

132

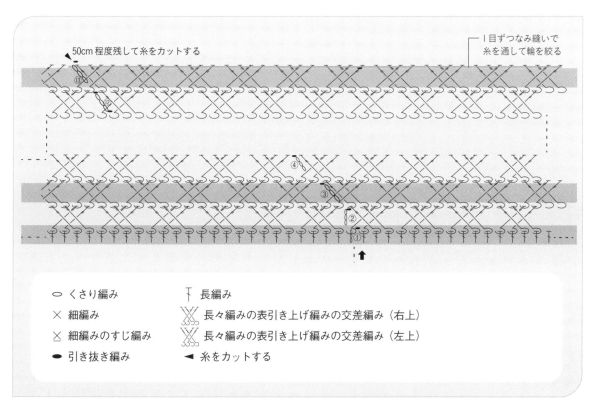

50cm 程度残して糸をカットする

1目ずつなみ縫いで糸を通して輪を絞る

- ○ くさり編み
- × 細編み
- × 細編みのすじ編み
- ● 引き抜き編み
- T 長編み
- 長々編みの表引き上げ編みの交差編み（右上）
- 長々編みの表引き上げ編みの交差編み（左上）
- ◀ 糸をカットする

✺ リブ部分を編む

1　作り目を18目作る

2　細編みで1段編む

3　くさり編み1目で立ち上がり、細編みのすじ編みで2段めを編む

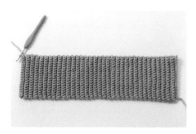

4　68段めまで編む（糸はカットしない）

5　編みはじめと編み終わりの目を合わせる

6　端と端の目を合わせて針を入れる

7 | 1目につき1目引き抜き編みをする

8 | 引き抜き編みで輪になった（糸はカットしない）

✳ 輪の状態から模様編みを編む

9 | くさり編み3目で立ち上がり、長編みを1段編む（模様編み1段め）

10 | くさり編み3目で立ち上がり、糸を2回かけて2段めを編みはじめる（模様編み2段め）

11 | 2目飛ばした目［★］の長編みの柱を針ですくう

12 | 糸をかける

13 | 11ですくった目を引き抜く（ループは4つ）

14 | 糸をかけ、2つのループを一度に引き抜く（ループは3つ）

15 | 糸をかけ、2つのループを一度に引き抜く（ループは2つ）

16 | 糸をかけ2つのループを一度に引き抜く

17 | 長々編みの表引き上げ編みができた

18 2回糸をかけ、次の目の長編みの柱［★］をすくう

19 糸をかけて18ですくった目を引き抜く（ループは4つ）

20 糸をかけ、2つのループを一度に引き抜く（ループは3つ）

21 糸をかけ、2つのループを一度に引き抜く（ループは2つ）

22 糸をかけ、2つのループを一度に引き抜く

23 2つめの長々編みの表引き上げ編みができた

24 糸を2回かけ、飛ばした2目の1目めの長編みの柱［★］を針ですくう

25 糸をかけて24ですくった目を引き抜く（ループは4つ）

26 糸をかけ、2つのループを一度に引き抜く（ループは3つ）

27 2つのループを一度に引き抜く（ループは2つ）

28 糸をかけ、2つのループを一度に引き抜く

29 飛ばした2目の1目に、長々編みの表引き上げ編みができた

30 糸を2回かけ、飛ばした目の2目めに長々編みの表引き上げ編みをする

31 飛ばした2目の2目めに、長々編みの表引き上げ編みができた。長々編みの表引き上げ編みを繰り返して2段めを編む

32 2段めの最後の長々編みの表引き上げ編みができた

33 2段めの立ち上がりのくさり編み3目めに針を入れる

34 引き抜き編みをする

35 くさり編み3目で立ち上がり、3段めを編みはじめる

36 糸を2回かけ、4目（1模様）飛ばした5目めの長編みの柱［★］を針ですくう

37 長々編みの表引き上げ編みを編む

38 長々編みの表引き上げ編みができた。糸を2回かけて次の目の根元を針ですくう

39 長々編みの表引き上げ編みを編む

40 長々編みの表引き上げ編みが2目できた

41 飛ばした目の3目めの根元を後ろからすくう

42 糸をかけて41で拾った目を引き抜き、長々編みをする

43 飛ばした2目の1目めに、長々編みの表引き上げ編みができた

44 糸を2回かけ、飛ばした目の4目めの根元を後ろからすくう

45 糸をかけて44で拾った目を引き抜き、長々編みをする

46 飛ばした4目の4目めに、長々編みの表引き上げ編みができた。長々編みの表引き上げ編みを繰り返して3段めを編む

47 3段めの立ち上がりのくさり編み3目めに針を入れる

48 引き抜き編みをする

49 3段めが編み終わった

50 模様編みを13段編み終わった。50cm程度糸を残してカットする

❄ 頭頂部を絞る

51 とじ針に糸を通し、編み終わりの段に1目ずつなみ縫いで糸を通す

52 一周糸を通し、糸を絞る

53 交互に針を入れて絞り口をふさいだら、目をすくいながら糸始末をする。ポンポンは糸始末の前に糸を通して付ける

動画もチェック！

ユニセックス ネックウォーマー

性別問わず着こなせるネックウォーマーです。編み方は細編みのすじ編みだけ。作り目で幅、段数で長さを変えられるので、サイズ調整もかんたんです。

◆使用糸：ソフトメリノ極太　116g
　ブラック（５）
　（おすすめの糸種：ウール、カシミヤ）
◆使う道具
　かぎ針8/0号、とじ針
◆完成サイズ目安
　幅15cm　長さ70cm

【編み方手順】
❶ 往復編みで100段編む
　①作り目を22目作り、くさり編み1目で立ち上がる。細編みを1段編む
　②往復編みで細編みのすじ編みを99段編む
　③糸を50cm程度残してカットする
❷ 編み地をまとめる
　④糸をとじ針に通し、なみ縫いでとじる

糸端を50cm程度残してカットする

⑩⓪→0× ◀
× ←99
98→0× ×

④→0× ×0←③
②→0× ×0←①
◯◯◯◯◯◯◯◯◯◯◯◯◯◯◯◯◯◯◯◯◯◯

編みはじめ（くさり編み22目）→

○ くさり編み
× 細編み
✕ 細編みのすじ編み
◀ 糸をカットする

①〜⑩⓪　22目

【完成サイズ】

15cm

70cm

まとめ方
①

→

赤い部分を
とじ針でなみ縫いする

②  → ③

動画もチェック！

バスケット編みの ゆるニット帽

輪で編んでいく、バスケット編みのニット帽。ゆるっとしたシルエットがやわらかい印象のデザインです。

◆使用糸：ソフトメリノ極太　107g
ライトベージュ（2）
（おすすめの糸種：ウール、アクリル）
◆使う道具
かぎ針7/0号・9/0号、とじ針
◆完成サイズ目安
高さ23cm　直径20cm（頭まわり57〜60cm）

【編み方手順】
❶ 円編みで頭頂部を編む
❷ 模様編みで側面を編む

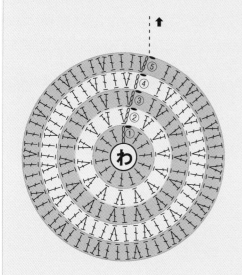

【完成サイズ】

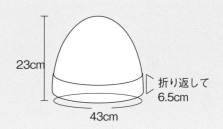

23cm

折り返して
6.5cm

43cm

◯	くさり編み	⑥〜⑭	70目
┰	長編み	⑤	70目
➤	引き抜き編み	④	56目
V	長編み2目のすじ編み	③	42目
┰	長編みのすじ編み	②	28目
		①	14目

長々編みの表引き上げ編みの交差編み（右上）

長々編みの表引き上げ編みの交差編み（左上）

┰ 中長編み

✕ 細編み

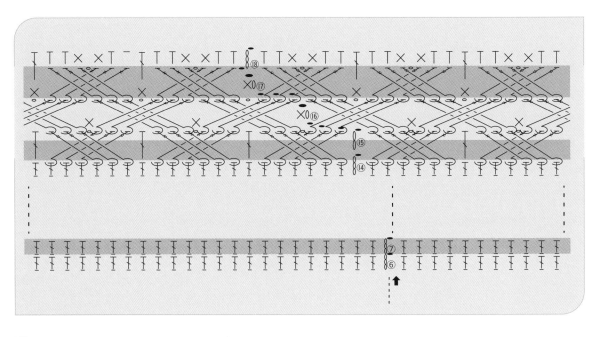

❈ 円編みで頭頂部を編む

1 9/0号針で輪を作り、長編みで1段めを編む

2 増し目をしながら、長編みのすじ編みで2～5段めを編む

3 増し目無しで9段（計14段）編む

❈ 模様編みで側面を編む

4 針を7/0号針に替える

5 くさり編み2目で立ち上がる

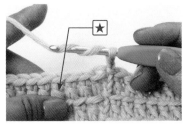

6 糸を2回かけ、3目飛ばして4目めの根元［★］を針ですくう

7 糸を2回かけて⑥ですくった目を引き抜く（ループは4つ）

8 糸をかけて2つのループを一度に引き抜く（ループは3つ）

9 糸をかけて2つのループを一度に引き抜く（ループは2つ）

10 糸をかけて2つのループを一度に
引き抜く

11 長々編みの表引き上げ編みができ
た

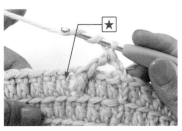

12 糸を2回かけ、次の目の根元［★］
をすくう。[7]～[10]を繰り返し、長々
編みの表引き上げ編みを編む

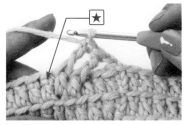

13 2つめの長々編みの表引き上げ編み
ができた。糸を2回かけ、次の目の
根元［★］をすくい、3つめの長々
編みの表引き上げ編みを編む

14 3つめの長々編みの表引き上げ編
みができた。くさり編みを1目編
む

15 糸を2回かけ、飛ばした3目の1
目めの根元［★］を針ですくう

16 糸を2回かけ、長々編みの表引き
上げ編みを編む

17 飛ばした3目の1目めに長々編み
の表引き上げ編みができた

18 糸を2回かけ、飛ばした3目の2
目めに長々編みの表引き上げ編み
を編む

19 飛ばした3目の2目めに、長々編
みの表引き上げ編みができた

20 飛ばした3目の3目めにも長々編
みの表引き上げ編みを編む。次の
目［★］に長編みを1目編む

21 糸を2回かけ、3目飛ばして長々
編みの表引き上げ編みを編む。模
様編みを繰り返す

22 模様編みが２つできた。長々編みの表引き上げ編みを編み＋長編み１目を繰り返して１段め（計15段）を編む

23 最後の長々編みの表引き上げ編みを編んだら、前段（14段）の立ち上がりくさり編み３目めに針を入れる

24 引き抜き編みをする

25 引き抜き編みを３目編む

26 前段の長々編みの表引き上げ編みの目の間のくさり編み［★］に針を入れる

27 細編みを１目編む

28 糸を２回かけ、４目飛ばした目の根元［★］を針ですくう

29 長々編みの表引き上げ編みを３目編む

30 長々編みの表引き上げ編みが３目できた。くさり編みを１目編む

31 糸を２回かけ、４目飛ばした１目目の根元［★］を、後ろから針ですくう

32 糸をかけ、31ですくった目を引き抜く

33 長々編みの表引き上げ編みを編む

34　4目飛ばした1目めに長々編みの表引き上げ編みができた

35　糸を2回かけ、4目飛ばした2目めの根元を後ろからすくい、長々編みの表引き上げ編みを編む

36　4目飛ばした2目めに長々編みの表引き上げ編みができた

37　4目飛ばした3目めに長々編みの表引き上げ編みができた。次の目［★］に針を入れる

38　細編みを1目編み、糸を2回かける。4目飛ばして［★］長々編みの表引き上げ編みの模様編みを繰り返す

39　3段め（計17段）は右上交差で編む

40　くさり編み3目で立ち上がり、中長編みを2目編む。交差の間のくさり編みは飛ばして、細編みを2目編む

41　中長編みを2目編む

42　前段の細編みに針を入れ、長編みを1目編む

43　4段め（計18段）を編む

44　立ち上がりの3目めに針を入れ、引き抜き編みをする

45　糸を引き抜き、糸始末をする

Chapter 6

ユニセックス
スヌード

少し変わった細編みで編むスヌードです。
編み地がしっかりしているので、寒さ対策
にぴったり。作り目で長さが、段数で高さ
が自由に調整できます。

◆使用糸：ベーシック極太　155g
ミストグレイ（34）　モノクロ（35）
　（おすすめの糸種：ウール、カシミヤ）
◆使う道具
　かぎ針10/0号、とじ針
◆完成サイズ目安
　幅15cm　長さ100cm

【編み方手順】
❶ 往復編みで15段編む
❷ 両端をつなげて輪にする

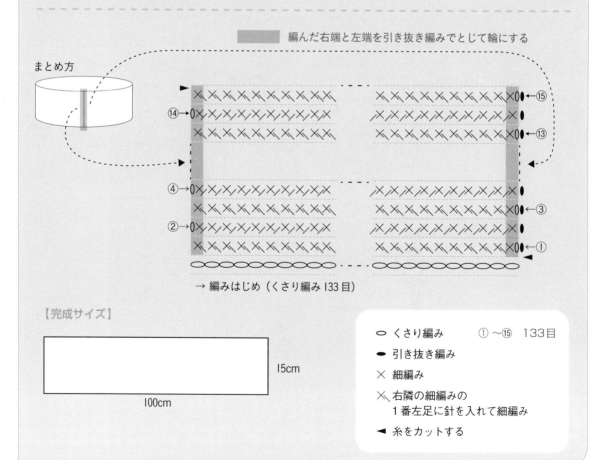

編んだ右端と左端を引き抜き編みでとじて輪にする

まとめ方

→ 編みはじめ（くさり編み133目）

【完成サイズ】

15cm
100cm

○ くさり編み　　①〜⑮　133目
● 引き抜き編み
✕ 細編み
✕ 右隣の細編みの
　1番左足に針を入れて細編み
◀ 糸をカットする

✳ 往復編みで15段編む

1　作り目を133目作る

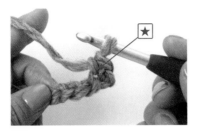

2　くさり編み1目で立ち上がり、細編みを1目編む。左の足［★］に針を入れる

3　次の目［★］に針を入れる

4　糸をかけ、3つのループを一度に引き抜く

5　ヘリンボーン編みが1目できた。一番左の足［★］に針を入れる

6　次の目［★］に針を入れる

7　糸をかけて3つのループを一度に引き抜く

8　ヘリンボーン編みが2つできた

9　1段めが編み終わった。くさり編み1目で立ち上がり、編み地を裏に返す

10　後ろから次の目［★］に針を入れる（偶数段はすべて後ろから針を入れる）

11　糸をかける

12　針先が後ろ側に出るように引き抜く

13 | 糸をかけ、2つのループを一度に引き抜く

14 | 後ろから見て一番左の足［★］に針を入れる

15 | 次の目に後ろから針を入れる

16 | 糸をかける

17 | 針先が後ろ側に出るように引き抜く

18 | 糸をかけ、3つのループを一度に引き抜く

19 | 偶数段のヘリンボーン編みができた

20 | 後ろから見て一番左の足［★］に針を入れる

21 | 次の目に後ろから針を入れる

22 | 糸をかけ、針先が後ろ側に出るように引き抜く

23 | 糸をかけ、3つのループを一度に引き抜く

24 | 偶数段のヘリンボーン編みが2つできた

25 ２段めが編み終わった

26 ②〜⑦を繰り返して３段め（表から針を入れる）が編み終わった

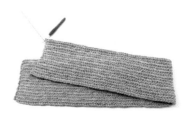

27 奇数段＝表から、偶数段＝裏から針を入れながら50段編む（糸はカットしない）

✿ 両端をつなげて輪にする

28 端と端を合わせて針を入れる

29 糸をかけ、引き抜き編みをする

30 １目につき１目引き抜き編みを編んでいく

31 余分な糸をカットし、糸を引き抜いて糸始末する

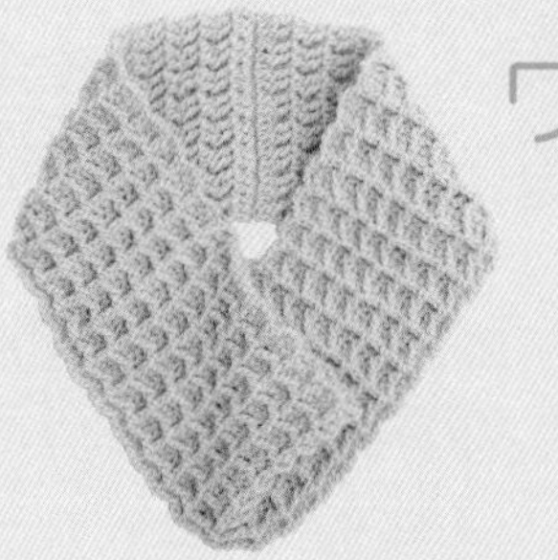

ワッフルスヌード

本物のワッフルのような模様編みがかわいいスヌードです。編み地がかたくならないようにゆるめに編むと、ふわふわに仕上がります。

◆使用糸：ブリュム　175g
バニラベージュ（09）
（おすすめの糸種：ウール、カシミヤ）
◆使う道具
かぎ針10/0号、とじ針
◆完成サイズ目安
幅16cm　長さ100cm

【編み方手順】
❶ 往復編みで74段編む
❷ 両端をつなげて輪にする

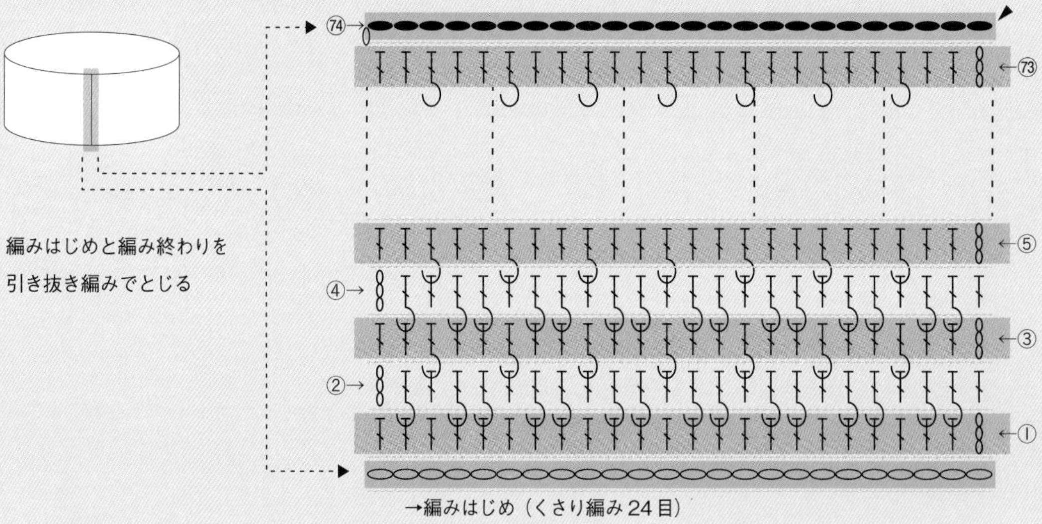

編みはじめと編み終わりを
引き抜き編みでとじる
⑭→
←⑬
←⑤
④→
←③
②→
←①
→編みはじめ（くさり編み24目）

くさり編み
長編み
長編みの表引き上げ編み
引き抜き編み
糸をカットする
①〜⑭ 24目

往復編みで74段編む

1　作り目を24目作り、くさり編み3
　目で立ち上がる

2　長編みを1目編む

3　1段めが編み終わった

4　くさり編み3目で立ち上がる

5　糸をかけ、2目めの長編みの柱
　［★］を針ですくう

6　糸をかけ、長編みをする

7　長編みの表引き上げ編みができた

8　次の目のあたまに針を入れ、長編
　みを1目編む

9　長編みの表引き上げ編み1目と長
　編みが1目できた

10　次の目の根元をすくい、糸をかけ
　て長編みをする

11　次の目も長編みの表引き上げ編み
　を編む

12　長編みの表引き上げ編みが2目で
　きた

13 長編みを1目編む。長編みの表引き上げ編み2目＋長編み1目を繰り返す

14 2段めが編み終わった

15 くさり編み3目で立ち上がり、編み地を裏に返す。長編みを2目編む

16 長編みの表引き上げ編みを1目編む

17 長編み2目＋長編みの表引き上げ編み1目を繰り返して3段めを編む

18 3段めが編み終わった。編み図通りに長編みと長編みの表引き上げ編みを繰り返して73段編む

✻ 両端をつなげて輪にする

19 端と端を合わせて針を入れて糸をかける

20 引き抜き編みをする

21 次の目を抜き編みする

22 1目につき1目引き抜き編みをする

23 引き抜き編みが終わったら、余分な糸をカットする

24 糸を引き抜いて糸始末をする

ハンドウォーマー

キラキラ光る糸が美しいハンドウォーマー。
手首がすっぽりと隠れて暖かいうえに、ス
マホも反応するデザインなので便利です。

◆使用糸：リージィー　40g
フロスティブルー（02）
　（おすすめの糸種：ウール、カシミヤ）
◆使う道具
　かぎ針7/0号、とじ針
◆完成サイズ目安
　長さ23cm　手首回り20cm

【編み方手順】
❶ 往復編みでリブ部分を編む
❷ 模様編みを編む
❸ 両端をつなげて輪にする

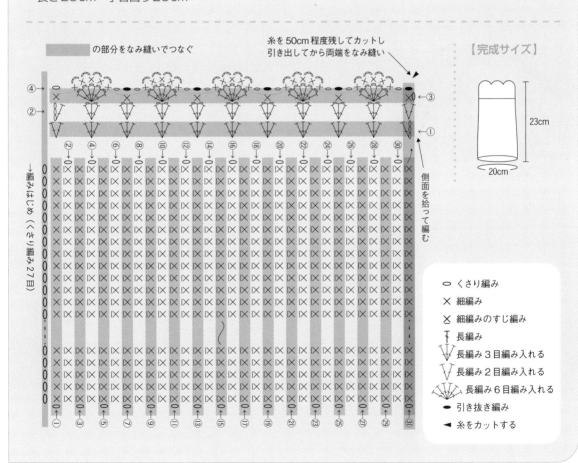

【完成サイズ】

23cm

20cm

○ くさり編み
× 細編み
⋉ 細編みのすじ編み
† 長編み
長編み3目編み入れる
長編み2目編み入れる
長編み6目編み入れる
● 引き抜き編み
◀ 糸をカットする

❋ 往復編みでリブ部分を編む

1 作り目を27目作る

2 細編みを1段編む

3 細編みのすじ編み（向こう半目）で31段編む

4 糸を切らずに向きを変える

❋ 模様編みを編む

5 くさり編み3目で立ち上がる

6 長編みを1目編む

★

7 2目飛ばして［★］に針を入れる

8 長編みを3目編み入れる

9 2目飛ばして長編みを3目編み入れながら、模様編みの1段めを編む

10 最後は長編み2目編み入れて、模様編みの1段めが編み終わった

11 くさり編み3目で立ち上がり、長編みを1目編む

12 2目飛ばして長編みを1目編み、くさり編みを1目編む

13 長編み2目めを編み入れ、くさり編みを1目編む

14 長編み3目めを編み入れる

15 12〜14を繰り返す

16 模様編みの2段めを編む

17 模様編みの2段めが編み終わった

18 くさり編み1目で立ち上がり、細編みを1目編む

19 前段の長編み3目の中心に長編みを1目編み、くさり編みを1目編む

20 長編み2目めを編み入れ、くさり編みを1目編む

21 くさり編みをはさみながら長編みを6目編み入れる

22 前段の次の長編み3目の中心に細編みを編む

23 19〜22を繰り返しながら模様編みの3段めを編む

24 模様編みの3段めが編み終わった

25 くさり編み1目で立ち上がり、細編みを編む

26 くさり編みを3目編む

27 細編みを編む

28 くさり編み3目＋細編みを4回編む

29 くさり編みを1目編み、前段の細編みにくさり編みを1目編む。引き抜き編みをし、くさり編みを1目編む

30 26〜29を繰り返しながら模様編みの4段めを編む

31 模様編みの4段めが編み終わった

✻ 両端をつなげて輪にする

32 糸を50cm程度残してカットする。糸を引き出し、とじ針に通す

33 端と端を合わせて針を入れる

34 1目につき1目ずつなみ縫いでとじていく

35 糸始末をし、同じものをもう1つ作る

リフ編みのルームシューズ

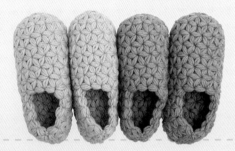

花弁が連なる模様編みでお部屋を彩ってくれるルームシューズ。増し目の段で、常に花弁が6枚あることを確認しながら編んでください。

◆使用糸：ソフトメリノ極太　187g
　ピーチパフ（13）　ウオーターグリーン（18）
　（おすすめの糸種：ウール、アクリル）

◆使う道具
　かぎ針8/0号、とじ針

◆完成サイズ目安
　高さ6cm　幅23cm

【編み方手順】
❶ 円編みでつま先部分を編む
❷ 往復編みでかかとまで編む
❸ かかとをとじる

50cm程糸を残してカットする

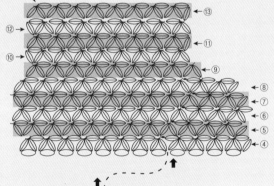

⑬
⑫
⑩
⑨
⑧
⑦
⑥
⑤
④

【完成サイズ】

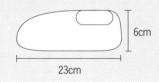

6cm

23cm

③
②
①
わ

◯　くさり編み
●　引き抜き編み
　　中長編み3目の変わり玉編み
　　中長編み3目の変わり玉編みの2目1度
　　中長編み3目の変わり玉編みの3目1度
　　中長編み3目の変わり玉編みの4目1度
◀　糸をカットする

⑩〜⑬ 8目
⑨ 9目
③〜⑧ 12目
② 12目
① 6目

155

[1] くさり編みを4目編み、[★] に針を入れる

[2] 糸をかけて引き抜き編みをする

[3] くさり編み4目の輪ができた

[4] 糸をかけて輪の中心 [★] に針を入れ、未完成の中長編みを編む（ループは3つ）

[5] 糸をかけて[4]と同じ輪の中心に針を入れ、未完成の中長編みを編む（ループは5つ）

[6] [5]と同じ輪の中心に針を入れ、未完成の中長編みを編む（ループは7つ）

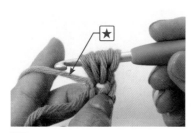

[7] 糸をかけ、[★] をつまむ

[8] 7つのループを一度に引き抜く

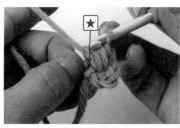

[9] [8]でつまんでいた糸 [★] の右に針を入れる

[10] 糸をかけて2つのループを一度に引き抜く

[11] 中長編み3目の変わり玉編みができた。くさり編みを1目編む

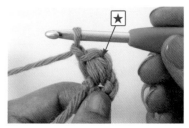

[12] 糸をかけて [★] に糸を入れる

13 未完成の中長編みを3回編む

14 糸をかけて輪の中心［★］に針を入れる

15 未完成の中長編みを3回編む。［★］をつまむ

16 糸にかかったループすべてを一度に引き抜く

17 15でつまんだ糸［★］の右に針を入れる

18 2つのループを一度に引き抜く

19 くさり編みを1目編む

20 中長編み3目の変わり玉編みの2目一度ができた

21 12〜19を繰り返して、中長編み3目の変わり玉編み2目一度をあと3回編む。1段めの終わりは、2目一度の途中で［★］に針を入れる

22 もう一度未完成の中長編み3目を編む

23 糸をかけ、すべてのループを一度に引き抜く。［★］に針を入れる

24 引き抜き編みをする。中長編み3目の変わり玉編み3目一度ができた

25 1段めが編み終わった

26 中長編み3目の変わり玉編みを1つ編む。目数リングを付ける

27 中長編み3目の変わり玉編み3目一度と2目一度を繰り返し、2段めを編む

28 最後は［★］に針を入れ、中長編み3目の変わり玉編み4目一度を編む

29 つま先部分の2段めが編み終わった

30 2目一度で立ち上がる。中長編みの変わり玉編み3目一度を繰り返し、3段めを編む

31 3段めの最後を4目一度でつなぐ

32 3段めが編み終わった

往復編みでかかとまで編む

33 4〜8段めを増し目無しで編む。9段めは中長編み3目の変わり玉編み2目一度で立ち上がり、3目一度を8回編む

34 9段めが編み終わった。裏返して10段めを編む

35 10段めは中長編み3目の変わり玉編み1目で立ち上がる

36 10段めが編み終わった

37 13段めまで編み終わった

✻ かかとをとじる

38 端と端を合わせて針を入れる

39 糸を引く

40 1目につき1目ずつすくう

41 かかとがとじ終わった

42 糸始末の要領で目をすくう

43 糸を引き抜いて糸始末をする

44 同じものをもう1つ作る

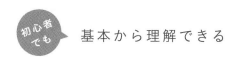

初心者でも　基本から理解できる

一年中楽しめる かぎ針編みのバッグと小物

2023年11月30日　初版第1刷発行

著　者　ミミアム 高橋春香

発行者　角竹輝紀

発行所　株式会社マイナビ出版
　　　　〒101-0003
　　　　東京都千代田区一ツ橋2-6-3　一ツ橋ビル2F
　　　　電話　0480-38-6872（注文専用ダイヤル）
　　　　　　　03-3556-2731（販売部）
　　　　　　　03-3556-2735（編集部）
　　　　MAIL pc-books@mynavi.jp
　　　　URL　https://book.mynavi.jp

印刷・製本　中央精版印刷株式会社

STAFF

撮影　　中辻 渉／プロセス
　　　　野呂美穂／作品イメージ

デザイン　安部 孝（ユニット）

編集・文　猪股真紀（ユニット）

編集　　Natsumi.S（マイナビ出版）

校正　　西進社

撮影協力
AWABEES
https://www.awabees.com/

糸提供
後正産業株式会社
https://www.gosyo.co.jp/

＜著者プロフィール＞

ミミアム　高橋春香

小学生の頃出会った雑誌の付録をきっかけに、編み物に興味を持つ。アクリル毛糸でショルダーバッグを編んだことでかぎ針の楽しさを知り、出産後、より深く編み物の世界に入り込む。2019年にYouTube投稿を開始。作品のかわいさと分かりやすい解説が人気を博し、チャンネル登録数は7万人を超える。

YouTube
https://youtube.com/@mimiamu3239
Instagram
https://www.instagram.com/mimiamu3311

ISBN 978-4-8399-8082-5
©2023 ミミアム 高橋春香
©2023 Mynavi Publishing Corporation
Printed in Japan